北大版对外汉语教材·短期培训系列

上海市重点学科建设项目资助 项目编号 T0405

短平快汉语
——初级口语（2）

王 励 主编

图书在版编目(CIP)数据

短平快汉语——初级口语(2)/王励主编. —北京：北京大学出版社，2006.10
(北大版对外汉语教材·短期培训系列)
ISBN 978-7-301-07957-7

Ⅰ. 短… Ⅱ. 王… Ⅲ. 汉语-口语-对外汉语教学-教材 Ⅳ. H195.4

中国版本图书馆 CIP 数据核字(2006)第 098568 号

书　　　　名：	短平快汉语——初级口语(2)
著作责任者：	王　励　主编
责 任 编 辑：	邓晓霞
标 准 书 号：	ISBN 978-7-301-07957-7/H·1215
出 版 发 行：	北京大学出版社
地　　　　址：	北京市海淀区成府路 205 号　100871
网　　　　址：	http://www.pup.cn
电 子 邮 箱：	zpup@pup.pku.edu.cn
电　　　　话：	邮购部 62752015　发行部 62750672　出版部 62754962　编辑部 62752028
印　 刷　 者：	涿州市星河印刷有限公司
经 　销 　者：	新华书店
	787 毫米×1092 毫米　16 开本　13 印张　258 千字
	2006 年 10 月第 1 版　2010 年 1 月第 3 次印刷
印　　　　数：	5001~7000 册
定　　　　价：	38.00 元(附赠一张 CD)

未经许可，不得以任何方式复制或抄袭本书之部分或全部内容。
版权所有，侵权必究　举报电话：010-62752024
电子邮箱：fd@pup.pku.edu.cn

前 言

《短平快汉语——初级口语（2）》是一本初级汉语阶段的会话体教材，教学对象是学过一到三个月汉语的外国学生。全书共16课，每课有两个部分，最适用于四周以内（每周20学时）的短期班课堂教学。

一、教材的主要特点：

1．实用性：以学生日常生活中最常用、最急需的交际情景话题为主要教学内容，着重训练学生听和说的言语交际技能。

2．简洁性：选用最简单的、尽可能单一化的基本句式和表达方式，不但易于教师说明，而且利于学生理解、归纳、记忆与运用。

3．完整性：突出句法的完整性，不过多地采用自然语言中的简省表达法，以培养学生具备使用完整句式来进行表达的能力。

4．有控性：对词汇、语法、句长、篇幅等在量上进行控制，并使之较均匀地分布在每课的各部分中，以符合学生的实际可接受性。

词汇：98%是甲级词汇，总词汇量在500个左右（每课各部分的词汇在15个左右）。

语法：98%是甲级语法，语法点总数在40项左右（每课各部分的语法点在3项以下）。

句长：每个句子的长度在10个词左右。

篇幅：每课各部分的篇幅长度在10句左右。

5．重复性：重视提高所输入语言信息的重现率，且在课文与练习的内容、形式及顺序的编排上，都有利于学生重复说，反复练。

6．递进性：由易而难、由简到繁地编排语法项目，尽量使之前后衔接。每课各部分中的练习也主要由十种相互关联、逐层递进的操练形式组成。

二、教学建议

1．在教学进度上，每课的各部分可用2学时完成，4学时完成一篇课文。在学完四篇课文后，由教师安排时间复习。

2．课后的练习部分，可根据学生的学习水平、教学时间灵活掌握，教师可在此基础上进行扩展。有的练习既可在课堂上进行，也可让学生在课外完成。

本教材在编写过程中，得到北京大学出版社多位编辑老师的关心、指导和帮助：沈浦娜老师对本教材的出版给予了极大的支持，沈岚老师据本教材的特点将其定名为《短平快汉语》，邓晓霞老师在编辑出版本教材时做了许多具体、细致的工作，在此一并致以衷心的感谢。

编　者
2006年8月

目 录

第 一 课	路上辛苦了	1
第 二 课	地铁站在哪儿？	12
第 三 课	我是前天下午来上海的	23
第 四 课	能便宜一点儿吗？	34
第 五 课	地铁真方便	45
第 六 课	中国菜太好吃了	56
第 七 课	你感冒了	67
第 八 课	我想去外滩看夜景	78
第 九 课	豫园的小吃名不虚传	89
第 十 课	家里最忙的人是谁？	100
第十一课	我最喜欢打网球	111
第十二课	京剧你看得懂吗？	122
第十三课	我正在发短信呢	133
第十四课	快要下雨了	144
第十五课	礼物能当面打开吗？	155
第十六课	明年我一定再来	166
生词总表		177

Yíngjiē
迎接

第一课
Lù shang xīnkǔ le
路上辛苦了

Shengci 生词

1. 迎接	yíngjiē	meet, welcome	迎える 마중하다
2. 路上	lù shang	on the way	途中 오는 길에
3. 辛苦	xīnkǔ	toil; hard	苦労 고생하다
4. 特意	tèyì	designedly	わざわざ 특별히 / 일부러
5. 接	jiē	meet sb.	出むかえる 만나다
6. 因为	yīnwèi	because	だからのため 왜냐하면 / …때문에
7. 误点	wù diǎn	behind schedule	規定の時間より遅れる 연착하다
8. 所以	suǒyǐ	so	だから 그래서
9. 才	cái	just	やっと …에야(늦음을 표시)
10. 添	tiān	add	付け加える …더하다 / 첨가하다
11. 麻烦	máfan	trouble	面倒くさい 폐 / 수고
12. 好像	hǎoxiàng	as if	まるでのようだ 마치…와 같다
13. 新建	xīn jiàn	newly-built	新しく建てる 새로 짓다
14. 原来	yuánlái	formerly	なるほど 원래
15. 发展	fāzhǎn	development	発展 발전

第一课　路上辛苦了

Ke wen 课文

A：Nín shì Jiékè xiānsheng ma?
您是杰克先生吗？

B：Shì de, nín shì……?
是的，您是……？

A：Wǒ shì Shànghǎi Shīfàn Dàxué de Xiǎo Lǐ.
我是上海师范大学的小李。

B：Xièxie nǐ tèyì lái jīchǎng jiē wǒ, yīnwèi fēijī wù diǎn le, suǒyǐ
谢谢你特意来机场接我，因为飞机误点了，所以
xiànzài cái dào, gěi nǐ tiān máfan le.
现在才到，给你添麻烦了。

A：Bú kèqi. Lù shang zuò fēijī zuòle jǐ ge xiǎoshí?
不客气。路上坐飞机坐了几个小时？

B：Yígòng zuòle jiǔ ge xiǎoshí.
一共坐了九个小时。

A：Lù shang xīnkǔ le. Nín shì dì-yī cì lái Shànghǎi ma?
路上辛苦了。您是第一次来上海吗？

B：Bú shì, zhè shì dì-èr cì, dì-yī cì shì zài shí nián qián. Nàge shíhou
不是，这是第二次，第一次是在十年前。那个时候
de fēijīchǎng hǎoxiàng bú shì zhèyàng de.
的飞机场好像不是这样的。

A：Shì ya, shí nián qián shì zài Hóngqiáo Jīchǎng, xiànzài zhèlǐ shì xīn jiàn
是呀，十年前是在虹桥机场，现在这里是新建
de Pǔdōng Guójì Jīchǎng.
的浦东国际机场。

B：Yuánlái shì zhèyàng. Shànghǎi de fāzhǎn zhēn kuài a.
原来是这样。上海的发展真快啊。

一、替换练习

1. <u>飞机现在</u> <u>才 到</u>。

作业现在	做完
十二点	下课
夜里一点	睡觉
下午两点	吃饭

2. <u>坐 飞机</u> 坐 了 <u>九个小时</u>。

睡	觉	睡	六个小时
打	电话	打	二十分钟
聊	天	聊	半个小时
学	汉语	学	半年

3. 您是第一次 <u>来</u> <u>上海</u> 吗?

来	中国
坐	飞机
出	国
看	中国电影

4. 因为 <u>飞机误点</u>,所以 <u>现在才到</u>。

喜欢中国	来中国学习
很忙	不去
没钱	不买
是新建的	很漂亮

第一课　路上辛苦了

二、读读写写想想

坐飞机	坐火车	坐公共汽车	坐出租汽车
才到	才来	才去	才睡
外贸大学的小李	第一医院的王大夫	哥哥的朋友	我的老师
来机场接我	来我家看我	去机场送朋友	去超市买东西

三、用括号里的词语完成句子

1. 我 _____。(是……的)

2. 谢谢你特意 _____。(接)

3. 因为太喜欢了，_____。（所以）

4. 上海的发展 _____。（真）

四、用括号里的词语完成对话

1. A：您是杰克先生吗？（是）
   B：_____

2. A：您是第一次来上海吗？（不）
   B：_____

3. A：坐飞机坐了几个小时？（坐飞机）
   B：_____

4. A：上海的发展快吗？（真）
   B：_____

五、词语填空

1. 我 _____ 外贸大学 _____ 小李。

2. 谢谢你 _____ 来机场 _____ 我。

3. 给你 _____ 麻烦了。

4. 上海的 _____ 真快呀。

5

六、模仿例句用划线词语造句
1. 因为飞机误点了,所以现在才到。
2. 那个时候的飞机场好像不是这样的。
3. 飞机现在才到。
4. 原来是这样。

七、词语排序
1. 几个　坐　了　坐　飞机　小时
2. 所以　到　飞机　现在　因为　误点　才　了
3. 的　浦东国际机场　新建　这里　是
4. 上海　啊　发展　的　快　真

八、模仿例句改写句子
坐了五个小时。(飞机)
坐飞机坐了五个小时。
飞机坐了五个小时。

1. 学了半年。(汉语)　　　　2. 吃了半小时。(饭)

3. 做了二十分钟。(练习)　　4. 等了半天。(公共汽车)

九、阅读或听力
　　杰克先生是英国人,他是第二次来上海。李明是外贸大学的老师,他特意去飞机场接杰克先生。那是新建的浦东国际机场。因为飞机误点了,所以李明等了一个小时。

十、成段表达
　　我叫杰克,是英国人。十年前我第一次来上海,现在是第二次。十年前还是在虹桥机场,这次是在新建的浦东国际机场。浦东国际机场很漂亮,上海的发展真快。

第一课　路上辛苦了

Shengci 生词

1. 没什么	méi shénme	It doesn't matter.	構わない 괜찮다.별거 아니다
2. 应该	yīnggāi	ought to; It's my job.	当たり前だ 당연히
3. 好久不见	hǎojiǔ bú jiàn	I haven't seen you for a long time.	ひさしぶり 오랜만이다
4. 还是	háishi	just the same	やはり 여전히
5. 老样子	lǎo yàngzi	unchanged	変わらない 변하지 않았다.여전하다
6. 更	gèng	more	いっそう 더욱 더
7. 漂亮	piàoliang	beautiful	きれいだ 아름답다
8. 只	zhǐ	only; just	だけ 단지
9. 就	jiù	at once	すぐ 곧 / 바로
10. 方便	fāngbiàn	convenient	便利だ 편리하다
11. 流利	liúlì	fluent	流暢だ 유창(하다)
12. 年轻	niánqīng	young	年が若い 젊다
13. 瘦	shòu	thin	やせている (몸이) 마른 / 여윈
14. 变	biàn	become	変わる 변하다(~ 하게 되다)
15. 结束	jiéshū	end	終わる 끝나다

A: Tiānzhōng xiānsheng, nǐ hǎo.
田中　　先生，你好。

B: Ā, Xiǎo Wáng, nǐ hǎo. Xièxie nǐ tèyì lái jīchǎng jiē wǒ.
啊，小　王，你好。谢谢你特意来　机场　接我。

A: Méi shénme, zhè shì yīnggāi de. Lù shang xīnkǔ le.
没　什么，这是　应该　的。路　上　辛苦了。

B: Hǎojiǔ bú jiàn, nǐ hǎo ma?
好久不见，你好吗？

A: Wǒ hěn hǎo. Nǐ ne?
我　很好。你呢？

B: Wǒ yě hěn hǎo. Lǐ lǎoshī tāmen dōu hǎo ma?
我也很好。李老师　他们　都　好吗？

A: Tāmen dōu hěn hǎo. Jǐ nián bú jiàn, nǐ háishi lǎo yàngzi.
他们　都很好。几年不见，你还是老　样子。

B: Nǐ gèng piàoliang le.
你更　漂亮了。

A: Xièxie nǐ. Zuò fēijī zuòle jǐ ge xiǎoshí?
谢谢你。坐飞机 坐了几个 小时？

B: Zhǐ zuò le liǎng ge xiǎoshí jiù dào le, zhēn fāngbiàn.
只坐了 两个　小时　就到了，真　方便。

第一课 路上辛苦了

一、替换练习

1. <u>李老师他们</u>都好吗?

> 你爸爸妈妈
> 你家里人
> 老同学们
> 小王他们

2. <u>你</u> <u>更</u> <u>漂亮</u>了。

> 你　　　年轻
> 雨　　　大
> 她　　　瘦
> 汉语说得　流利

3. 几年不见,<u>你还是老样子</u>。

> 你更漂亮了
> 你更年轻了
> 你瘦多了
> 你一点儿没变

4. 只<u>坐</u>了<u>两个小时</u>就<u>到</u>了。

> 看　两个小时　结束
> 等　五分钟　　来
> 听　一遍　　　懂
> 谈　两分钟　　走

9

二、读读写写想想

更漂亮	更年轻	更瘦	更贵
老样子	老习惯	老朋友	老同学
真方便	真麻烦	真快	真慢
就到了	就来了	就去了	就结束了

三、用括号里的词语完成句子

1. _____，你好吗？（好久）

2. 没什么，_____。（应该）

3. 几年不见，_____。（样子）

4. _____就到了，真方便。（只）

四、用括号里的词语完成对话

1. A：田中先生，你好吗？（好）

   B：_____

2. A：谢谢你特意来机场接我。（没什么）

   B：_____

3. A：几年不见，你还是老样子。（也）

   B：_____

4. A：李老师他们都好吗？（都）

   B：_____

五、词语填空

1. 李老师他们 _____ 好吗？

2. 几年不见，你 _____ 老样子。

3. 你 _____ 漂亮了。

4. 坐了两个小时 _____ 到了。

六、模仿例句用划线词语造句

1. 你<u>更</u>漂亮了。

2. 没什么，那是<u>应该</u>的。

3. 几年不见，你<u>还</u>是老样子。

4. <u>只</u>坐了两个小时<u>就</u>到了。

七、词语排序

1. 来　你　特意　我　机场　谢谢　接

2. 都　李　他们　吗　好　老师

3. 你　样子　几年　还是　不见　老

4. 坐　就　只　了　小时　了　两个　到

八、看图说话

九、阅读或听力

田中先生和小王是老朋友，三年前他们就认识了。这次田中先生来上海，小王特意去机场接他。飞机很快，只飞了两个小时就到了。他们见面后都很高兴。

十、成段表达

我是田中，跟小王是老朋友了。三年前我在外贸大学学汉语的时候就认识她。今天她特意来机场接我，我很高兴。几年不见，她更漂亮了。

Wènlù
问路

第 二 课

Dìtiě zhàn zài nǎr?
地铁 站 在 哪儿?

第二课　地铁站在哪儿？

Shengci 生词

1.	地铁	dìtiě	underground; subway	地下鉄 / 지하철
2.	站	zhàn	stop; station	駅 / 역
3.	新天地	Xīntiāndì	new field of activity (name of a place)	新天地 / 신천지
4.	怎么	zěnme	how	どう、どのように / 어떻게
5.	……的话	…dehuà	if	たら、なら / …한다면
6.	从	cóng	from	から / …로부터
7.	最	zuì	most	一番 / 가장 / 최고
8.	十字路口	shí zì lùkǒu	crossroad	十字路 / 사거리
9.	标志	biāozhì	sign	標識 / 대표적 건물
10.	顺便	shùnbiān	by the way	ついでに / …하는 김에
11.	应该	yīnggāi	should	しなければならない / …해야 한다
12.	方向	fāngxiàng	direction	方向 / 방향
13.	换车	huàn chē	transfer the bus	乗り換える / (차를)갈아 타다
14.	不用	búyòng	needn't; do without	する必要がない / …할 필요가 없다
15.	出站	chū zhàn	come out of the station	駅を出る / 역 밖으로 나오다

课文 Kewen

A: Qǐngwèn, qù Xīntiāndì zěnme zǒu?
请问，去 新天地 怎么 走？

B: Qù Xīntiāndì dehuà, nǐ cóng zhèr zuò dìtiě zuì fāngbiàn.
去 新天地 的话，你 从 这儿 坐 地铁 最 方便。

A: Nà dìtiě zhàn zài nǎr ne?
那 地铁 站 在 哪儿 呢？

B: Jiù zài qiánbian de shí zì lùkǒu. Nàr yǒu yí ge dìtiě biāozhì, kànjiàn le ma?
就 在 前边 的 十字路口。那儿 有 一个 地铁 标志，看见 了 吗？

A: À, kànjiàn le. Shùnbiàn wèn yíxià, wǒ yīnggāi zuòdào nǎ yí zhàn xià chē ne?
啊，看见 了。顺便 问 一下，我 应该 坐到 哪 一 站 下 车 呢？

B: Nǐ yīnggāi zuò Shànghǎi Huǒchēzhàn fāngxiàng de chē, dào Huángpí Nánlù zhàn xià chē.
你 应该 坐 上海 火车站 方向 的 车，到 黄陂 南路 站 下 车。

A: Hái yào huàn chē ma?
还要 换 车 吗？

B: Búyòng huàn chē, chū zhàn hòu zǒu liǎng-sān fēnzhōng jiù dào le.
不用 换 车，出 站 后 走 两三 分钟 就 到 了。

A: Xièxie nǐ.
谢谢 你。

B: Bú kèqi.
不 客气。

第二课　地铁站在哪儿？

Lian xi

一、替换练习

　　1. 请问，去<u>新天地怎么走</u>？

　　　　徐家汇
　　　　南京路
　　　　淮海路
　　　　师范大学

　　2. <u>地铁站</u>在哪儿？

　　　　厕所
　　　　医院
　　　　邮局
　　　　图书馆

　　3. 去<u>新天地</u>怎么<u>走</u>？

　　　　这个汉字　　写
　　　　这句话　　　说
　　　　这个菜　　　做
　　　　这个生词　　念

　　4. 还要<u>换车</u>吗？

　　　　换钱
　　　　买票
　　　　写名字
　　　　贴邮票

二、读读写写想想

怎么走	怎么写	怎么吃	怎么用
看见	听见	买到	找到
两三分钟	七八个人	十二三岁	二十七八块钱
去新天地的话	学汉语的话	坐公共汽车的话	去超市的话

三、用括号里的词语完成句子

1. 请问，去 _____？（怎么）
2. 去新天地的话，从这儿 _____。（最）
3. 我应该 _____ 呢？（下车）
4. 不用换车，出站 _____ （以后）

四、用括号里的词语完成对话

1. A：请问，去新天地怎么走？（最）
   B：_____
2. A：地铁站在哪儿？（就）
   B：_____
3. A：我应该坐到哪一站下车呢？（到）
   B：_____
4. A：下车后，还要换车吗？（不用）
   B：_____

五、词语填空

1. 去新天地 _____，坐地铁 _____ 方便。
2. 那儿 _____ 一个地铁站，看 _____ 了吗？
3. 我应该坐 _____ 哪一站下车呢？
4. 出站后，走两 _____ 分钟 _____ 到了。

六、模仿例句用划线词语造句

1. 去新天地<u>怎么</u>走?

2. <u>顺便</u>再问一下,我应该坐到哪一站下车呢?

3. 去新天地<u>的话</u>,你坐地铁最方便。

4. <u>还要</u>换车吗?

七、词语排序

1. 从　方便　你　坐　这儿　地铁　最　去
2. 十字路口　地铁站　在　的　前边　就
3. 黄陂南路站　到　你　坐　下　应该　车
4. 走　出站　就　两　三　分钟　了　后　到

八、看图说话

九、阅读或听力

杰克想去新天地,不知道坐什么车。他问路旁的一个年轻人。年轻人告诉他,去新天地坐地铁最方便。坐上海火车站方向的车,到黄陂南路站下车,下车后走两三分钟就到了。

十、成段表达

我想去新天地,不知道怎么走最方便。我问路旁的一个年轻人。他告诉我,坐地铁去最方便,到黄陂南路站下车,下车后走两三分钟就到了。

Sheng ci 生词

1. 沿着	yánzhe	along	に沿って …를 쭉 따라
2. 一直	yìzhí	directly; straight (ahead)	まっすぐに 똑바로 / 직진으로
3. 往	wǎng	to; towards	に向かって …쪽으로 / …방향으로
4. 左	zuǒ	left	左 왼쪽
5. 拐	guǎi	turn	曲がる …(쪽으로)방향을 바꾸다
6. 路口	lùkǒu	crossing	道の交差点 길목
7. 标志性	biāozhìxìng	symbolic	目じるし, 目立つ物 대표적(건물~~등)
8. 建筑	jiànzhù	building	建物 건물
9. 是吗	shì ma	Isn't it?	ですか 그렇지요?
10. 是的	shìde	yes	そうです 그렇습니다
11. 然后	ránhòu	and then	それから 그런 후에
12. 左边	zuǒbiān	the left	左側 왼쪽
13. 右边	yòubiān	the right	右側 오른쪽
14. 穿	chuān	cross; go through	横切る 건너가다 / 통과하다
15. 老大爷	lǎodàye	grandpapa	お爺さん 할아버지

第二课 地铁站在哪儿？

Kewen 课文

A: Qǐngwèn, Huāyuán Fàndiàn zài nǎr?
请问，花园饭店在哪儿？

B: Nǐ yánzhe zhè tiáo lù yìzhí wǎng qián zǒu, dào shí zì lùkǒu wǎng zuǒ guǎi.
你沿着这条路一直往前走，到十字路口往左拐。

A: Lùkǒu yǒu biāozhìxìng de jiànzhù ma?
路口有标志性的建筑吗？

B: Ňg…, yǒu. Lùkǒu yǒu yì jiā diànyǐngyuàn.
嗯……，有。路口有一家电影院。

A: Kàndào diànyǐngyuàn jiù wǎng zuǒ guǎi, shì ma?
看到电影院就往左拐，是吗？

B: Shì de. Ránhòu zài wǎng qián zǒu sān-sì fēnzhōng jiù dào le.
是的。然后再往前走三四分钟就到了。

A: Tā zài mǎlù zuǒbiān háishi yòubiān?
它在马路左边还是右边？

B: Zài mǎlù zuǒbiān, cóng zhèr guòqù, nǐ búyòng chuān mǎlù.
在马路左边，从这儿过去，你不用穿马路。

A: Xièxie nǐ.
谢谢你。

B: Bú xiè.
不谢。

一、替换练习

1. 请问，<u>花园饭店</u>在哪儿？

   中国银行
   第一百货商店
   和平饭店
   中友百货

2. 路口有一家<u>电影院</u>。

   餐厅
   咖啡馆
   书店
   茶室

3. <u>它在马路</u> <u>左边</u>还是<u>右边</u>？

那家商店在	南京路	淮海路
你在学习	汉语	英语
杰克是	英国人	法国人
今天是	星期一	星期二

4. <u>看到电影院就向左拐</u>，是吗？

   你在学习汉语
   杰克是英国人
   路口有一家电影院
   我应该坐到黄陂南路站下车

二、读读写写想想

电影院	咖啡馆	餐厅	茶室
往前走	往后走	往左拐	往右拐
是吗	对吗	好吗	行吗
左边还是右边	上边还是下边	今天去还是明天去	喝茶还是喝咖啡

三、用括号里的词语完成句子

1. 你沿着这条路 _____。（一直）

2. 到前边十字路口 _____。（往）

3. 路口 _____。（有）

4. 往前走 _____ 了。（就）

四、用括号里的词语完成对话

1. A：请问，花园饭店在哪儿？（沿着）

   B：_____

2. A：路口有标志性的建筑吗？（一家）

   B：_____

3. A：它在马路左边还是右边？（在）

   B：_____

4. A：从这儿过去，要穿马路吗？（不用）

   B：_____

五、词语填空

1. _____ 这条路 _____ 往前走。

2. 到十字路口往左 _____。

3. 它在马路的左边 _____ 右边？

4. 看 _____ 电影院就 _____ 左拐。

六、模仿例句用划线词语造句

1. 花园饭店<u>在哪儿</u>?

2. 到十字路口<u>往</u>左拐。

3. 从这儿过去，你<u>不用</u>穿马路。

4. 花园饭店在马路左边<u>还是</u>右边?

七、词语排序

1. 条　沿着　前　这　往　一直　走　你　路
2. 往　十字路口　到　拐　左
3. 电影院　家　有　一　路口
4. 还是　花园饭店　左边　马路　在　右边

八、复习方位名词

前边	后边	左边	右边
上边	下边	里边	外边
东边	南边	西边	北边
东南边	西南边	西北边	东北边
中间			

九、阅读或听力

　　金先生想去花园饭店，他坐地铁到陕西南路站下车。出站后他不知道该怎么走。一位老大爷告诉他，沿着这条淮海路一直往前走，到十字路口往左拐，然后走三四分钟就到了。

十、成段表达

　　我想去花园饭店，不知道应该怎么走。我问一位老大爷。他告诉我，一直往前走，到前边十字路口往左拐，然后走三四分钟就到了。

第三课

Yùjiàn lǎo péngyou
遇见老朋友

Wǒ shì qiántiān xiàwǔ lái Shànghǎi de
我是前天下午来上海的

3

Shēngcí 生词

1.	遇见	yùjiàn	meet	出会う 우연히 만나다
2.	老朋友	lǎo péngyou	old friend	昔からの友達、古くからの友達 오랜 친구
3.	没想到	méi xiǎngdào	unexpectedly	意外にも 전혀 생각지 못했다
4.	跟	gēn	with	と …와
5.	一起	yìqǐ	together	一緒に 함께
6.	有空	yǒu kōng	be free; not busy	暇がある 시간, 여유가 있다
7.	以前	yǐqián	before	以前 이전에
8.	星巴克	Xīngbākè	Starbucks	スダーバクス Starbucks 커피점
9.	正	zhèng	just; right	ちょうど~している 마침
10.	聊	liáo	chat	ざっだん 한담하다
11.	为了	wèile	for	（の）ため（に） ~ 하기 위하여
12.	公司	gōngsī	company	会社 회사
13.	业务	yèwù	business	業務 업무, 일
14.	以后	yǐhòu	after; later	以後 이후에
15.	周末	zhōumò	weekend	週末 주말

第三课　我是前天下午来上海的

课文 Kewen

A：Shānkǒu xiǎojiě!
　　山口　小姐！

B：Ā, Tiánzhōng xiānsheng, nǐ hǎo!
　　啊，田中　先生，你好！

A：Méi xiǎngdào zài Shànghǎi yùjiàn nǐ. Nǐ shì shénme shíhou lái Shànghǎi de?
　　没　想到　在　上海　遇见你。你是　什么　时候　来 上海　的？

B：Wǒ shì qiántiān xiàwǔ lái Shànghǎi de.
　　我 是 前天　下午 来 上海　的。

A：Nǐ shì yí ge rén lái de ma?
　　你 是 一个人　来 的 吗？

B：Bú shì, wǒ shì gēn wǒ de péngyou yìqǐ lái de.
　　不是，我 是 跟 我 的　朋友　一起 来 的。

A：Xiànzài yǒu kòng ma?
　　现在 有 空 吗？

B：Sì diǎn yǐqián yǒu kòng.
　　四点 以前 有 空。

A：Nà wǒmen qù Xīngbākè hē bēi kāfēi ba.
　　那 我们 去 星巴克 喝 杯 咖啡 吧。

B：Hǎo a, zhèng xiǎng gēn nǐ liáoliao ne.
　　好 啊，正　想　跟 你 聊聊 呢。

一、替换练习

1. 没想到在上海遇见你。

> 在上海遇见老朋友
> 上海这么漂亮
> 你来机场接我
> 上海也有星巴克

2. 你是什么时候来上海的?

> 从哪儿
> 跟谁一起
> 坐什么
> 为了什么

3. 我是前天下午来上海的。

> 从东京
> 跟朋友一起
> 坐飞机
> 为了公司的业务

4. 四点以前有空。

> 四点以后
> 今天晚上
> 明天下午
> 这个周末

第三课　我是前天下午来上海的

二、读读写写想想

什么时候	从哪儿	跟谁一起	坐什么
前天下午	从东京	跟家里人一起	坐飞机
四点以前	晚饭以前	下课以后	来中国以后
老朋友	老样子	老奶奶	老王

三、用括号里的词语完成句子

1. 没想到 _____。（遇见）

2. 你是什么时候 _____？（的）

3. 我是跟 _____。（一起）

4. 我们去 _____ 吧。（喝）

四、用括号里的词语完成对话

1. A：你是什么时候来上海的？（前天）

   B：_____

2. A：你是从哪儿来上海的？（北京）

   B：_____

3. A：你是坐什么来上海的？（飞机）

   B：_____

4. A：你是一个人来上海的吗？（跟……一起）

   B：_____

五、词语填空

1. 没 _____ 在上海遇 _____ 你。

2. 我是 _____ 我的朋友 _____ 来的。

3. 四点以前我有 _____。

4. 我们去星巴克喝 _____ 咖啡吧。

六、模仿例句用划线词语造句

1. 没想到在上海遇见你。

2. 我是前天下午来上海的。

3. 我是跟朋友一起来的。

4. 四点以前我有空。

七、词语排序

1. 前天　是　来　下午　我　的　上海
2. 遇见　在　想到　没　你　上海
3. 的　是　我　一起　我　来　朋友　的　跟
4. 星巴克　去　我们　咖啡　喝　吧　那　杯

八、看图说话

九、阅读或听力

　　山口小姐和田中先生是老朋友，没想到在上海遇见了。大家都很高兴。山口小姐四点以前有空，他们一起去星巴克喝咖啡了。

十、成段表达

　　今天下午，我在淮海路遇见了老朋友山口小姐。她是前天下午来上海的。她是跟她的朋友一起来的。见到她，我很高兴。

第三课　我是前天下午来上海的

Sheng ci 生词

1.	觉得	juéde	think; feel	と思う …라고 느끼다(생각하다)
2.	比较	bǐjiào	comparatively	比較的に 비교적
3.	对	duì	on; to; for	について …에 대하여
4.	印象	yìnxiàng	impression	印象 인상
5.	怎么样	zěnmeyàng	how about	どうですか 어떻습니까?
6.	座	zuò	measure word for the city	都市の量詞 (도시나 건물, 혹은 다리앞에 쓰는) 양사
7.	充满	chōngmǎn	be full of; be filled with	満たす 충만되다
8.	活力	huólì	energy	活気がある 활기
9.	而且	érqiě	furthermore; moreover	しかも 그리고 / 게다가
10.	自信	zìxìn	confidence	自信 자신감
11.	热情	rèqíng	passionate; enthusiasm	親切 친절하다 따뜻하다
12.	安家	ānjiā	settle down	定住 잡을 잡고 가정을 안착시키다
13.	结婚	jiéhūn	marry; marriage	結婚 결혼
14.	自豪	zìháo	be proud of	誇りに思う 자부심을 느끼다
15.	太极拳	tàijíquán	shadowboxing	太極拳 태극권(중국 전통무술)

课文 Kewen

A: Tiánzhōng xiānsheng, nǐ shì shénme shíhou lái Shànghǎi de?
田中 先生，你是什么时候来上海的？

B: Wǒ shì shàng ge yuè lái Shànghǎi de.
我是上个月来上海的。

A: Nǐ shì gēn jiālǐ rén yìqǐ lái de ma?
你是跟家里人一起来的吗？

B: Bú shì, wǒ shì yí ge rén lái de. Wǒ zài Shànghǎi xuéxí Hànyǔ.
不是，我是一个人来的。我在上海学习汉语。

A: Nǐ juéde Hànyǔ nán ma?
你觉得汉语难吗？

B: Wǒ juéde Hànyǔ bǐjiào nán.
我觉得汉语比较难。

A: Nǐ duì Shànghǎi de yìnxiàng zěnmeyàng?
你对上海的印象怎么样？

B: Wǒ juéde Shànghǎi shì yí zuò chōngmǎn huólì de chéngshì.
我觉得上海是一座充满活力的城市。

A: Wǒ juéde Shànghǎi hěn piàoliang.
我觉得上海很漂亮。

B: Érqiě rénmen de liǎn shàng dōu chōngmǎn zìxìn.
而且人们的脸上都充满自信。

第三课　我是前天下午来上海的

一、替换练习

   1. 你觉得<u>汉语难吗</u>？

                                 上海漂亮吗
                                 上海的发展快吗
                                 上海怎么样
                                 上海人怎么样

   2. 我觉得<u>汉语比较难</u>。

                                 上海很漂亮
                                 上海的发展很快
                                 上海很有活力
                                 上海人很热情

   3. <u>我</u>在<u>上海</u>学习<u>汉语</u>。

                                 金小姐　　旅游
                                 李先生　　找工作
                                 我爱人　　工作
                                 我朋友　　安家结婚

   4. 人们的脸上都充满<u>自信</u>。

                                 自豪
                                 活力
                                 信心
                                 幸福

二、读读写写想想

上个月	下个月	三个月前	三个月后
学习汉语	学习文化	学习音乐	学习太极拳
比较难	比较容易	比较方便	比较麻烦
充满活力	充满自信	充满幸福	充满希望

三、用括号里的词语完成句子

1. 我在 _____。（上海）
2. 我是上个月 _____。（的）
3. 我觉得上海 _____。（活力）
4. 我觉得上海人 _____。（自信）

四、用括号里的词语完成对话

1. A：你是跟家里人一起来的吗？（一个人）

    B：_____

2. A：你觉得汉语难吗？（难）

    B：_____

3. A：你对上海的印象怎么样？（充满）

    B：_____

4. A：你觉得上海人怎么样？（热情）

    B：_____

五、词语填空

1. 我 _____ 上个月来上海 _____。
2. 我 _____ 上海学习汉语。
3. 汉语 _____ 难。
4. 我 _____ 上海很漂亮。

六、模仿例句用划线词语造句

1. 你<u>觉得</u>汉语难吗？

2. 我觉得汉语<u>比较</u>难。

3. 上海是一座<u>充</u>满活力的城市。

4. 我觉得上海很漂亮，<u>而且</u>上海人很热情。

七、词语排序

1. 个　是　人　一　的　来　我
2. 在　我　汉语　学习　上海
3. 怎么样　上海　对　印象　你　的
4. 上海　城市　觉得　我　是　充满　的　一　活力　座

八、看图说话

九、阅读或听力

田中先生是日本人，他是上个月来上海的。他是一个人来上海的，他在上海学习汉语。他觉得上海是一座充满活力的城市，而且人们的脸上都充满自信。

十、成段表达

我叫田中，是上个月来上海的。我是一个人来的，我在上海学习汉语。我觉得上海是一座充满活力的城市，我很喜欢上海。

Gòuwù
购物

第 四 课

Néng piányi yìdiǎnr ma?
能 便宜 一点儿 吗?

第四课　能便宜一点儿吗？

Sheng ci 生词

1.	光临	guānglín	presence	ご光臨 / 왕림하다
2.	价格	jiàgé	price	値段 / 가격
3.	左右	zuǒyòu	about	約 / 대략~정도
4.	能	néng	can	できる / ...할 수 있다
5.	存	cún	keep	保存する / 저장하다
6.	首	shǒu	measure word for the song	歌の量詞 / (노래의)양사
7.	兆	zhào	MB	MBキロメガ / Megabit 메가비트
8.	促销	cùxiāo	be on sale	安く売る / 판촉
9.	全部	quánbù	all	全部 / 전부
10.	打折	dǎ zhé	give a discount	割引 / 할인하다
11.	包	bāo	wrap	包む / 포장하다. 싸다
12.	实用	shíyòng	practical	実用である / 실용적이다(이익이)
13.	原价	yuánjià	original price; former price	もとの値段 / 원가
14.	现价	xiànjià	current price	いまの値段 / 현재가
15.	满意	mǎnyì	satisfy	満足 / 만족하다

课文 Kewen

A: Huānyíng guānglín, qǐngwèn nín xūyào shénme?
欢迎光临，请问您需要什么？

B: Wǒ xiǎng mǎi yí ge MP3 bōfàngjī.
我想买一个MP3播放机。

A: Nǐ xiǎng mǎi shénme jiàgé de ne?
你想买什么价格的呢？

B: Sānbǎi yuán zuǒyòu de.
300元左右的。

A: Zhège zěnmeyàng? Yòu qīng yòu xiǎo, jiàgé yě bú guì, sānbǎi wǔshí yuán.
这个怎么样？又轻又小，价格也不贵，350元。

B: Néng cún duōshao shǒu gēqǔ?
能存多少首歌曲？

A: Zhège shì èrbǎi wǔshíliù zhào de, néng cún liùshí shǒu zuǒyòu.
这个是256兆的，能存60首左右。

B: Néng bu néng piányi yìdiǎnr ne?
能不能便宜一点儿呢？

A: Xiànzài shāngdiàn zài cùxiāo, quánbù shāngpǐn dǎ bā zhé, suǒyǐ zhège MP3 bōfàngjī xiànzài shì èrbǎi bāshí yuán.
现在商店在促销，全部商品打8折，所以这个MP3播放机现在是280元。

B: Hǎode, jiù mǎi zhège ba, qǐng bāng wǒ bāo qǐlái.
好的，就买这个吧，请帮我包起来。

第四课　能便宜一点儿吗？

Lian xi

一、替换练习

1. 我想买一个 MP3 播放机。

个	CD 播放机
张	CD
个	MD 播放机
台	DVD 播放机

2. 你想买什么价格的呢？

式样
颜色
尺寸
面料

3. 这个又轻又小。

快	方便
便宜	实用
大	重
贵	难看

4. 现在商店在促销，全部商品打 8 折。

6 折
对折
85 折
3～5 折

37

二、读读写写想想

300块左右	20岁左右	两个月左右	一年左右
价格	式样	面料	颜色
又轻又小	又快又方便	又便宜又实用	又贵又难看
便宜一点儿	多一点儿	轻一点儿	小一点儿

三、用括号里的词语完成句子

1. 欢迎光临，_____？（需要）

2. 我想_____。（买）

3. 这个又轻又小，_____。（也）

4. 现在正在促销，_____。（打）

四、用括号里的词语完成对话

1. A：欢迎光临，请问您需要什么？（想）

   B：_____

2. A：你想买什么价格的呢？（左右）

   B：_____

3. A：这个能存多少首歌曲？（兆）

   B：_____

4. A：能便宜一点儿吗？（打折）

   B：_____

五、词语填空

1. 你想买什么_____的呢？

2. 这个_____轻_____小，价格_____不贵。

3. 这个是256_____的，能_____60首左右。

4. 现在商店正在_____，全部商品_____8折。

第四课 能便宜一点儿吗?

六、模仿例句用划线词语造句

1. 我想买一个300元<u>左右</u>的。

2. 这个<u>又</u>轻<u>又</u>小,价格也不贵。

3. <u>能不能</u>便宜一点儿?

4. <u>好的</u>,<u>就</u>买这个吧。

七、词语排序

1. MP3播放机 我 买 一 想 个

2. 轻 个 又 价格 这 不 小 贵 又 也

3. 商品 在 商店 促销 全部 8 打 折 现在

4. 280 元 MP3播放机 这 现在 个 是

八、看图说话

九、阅读或听力

　　李小姐想买一个MP3播放机,她去学校旁边的家电商店。那家商店正在促销,全部商品打8折。李小姐买了一个原价350元的MP3播放机,现价280元。李小姐很满意。

十、成段表达

　　昨天我在学校旁边的家电商店买了一个MP3播放机。那个播放机256兆,又轻又小,价格也不贵。原价350元,现价280元,我很满意。

Shengci 生词

1. T恤	T- xū	T-shirt	T-シャツ 티셔츠
2. 进货	jìn huò	replenish one's stock	仕入れる 입하하다(들여오다)
3. 不止	bùzhǐ	more than	とまらない …에도 그치지 않다
4. 诚心	chéngxīn	sincerely; truly	誠心 진심으로
5. 最多	zuì duō	at most; the highest	最高 가장 많아야
6. 出	chū	spend	払う (돈을)내놓다
7. 可	kě	modal particle used for emphasis	とても 정말(강조)
8. 会	huì	be good at	できる …할 수 있다
9. 讨价还价	tǎo jià huán jià	bargain	値段をか什あう 물건값을 흥정하다
10. 夸奖	kuājiǎng	praise	ほめる 칭찬하다
11. 牛仔裤	niúzǎikù	jean	ジーパン 청바지
12. 手套	shǒutāo	glove	手袋 장갑
13. 围巾	wéijīn	scarf	マフラー 스카프, 목도리
14. 开价	kāi jià	make a price	言い値 가격을 부르다
15. 实价	shíjià	actual price	実際の値段 최종가

第四课 能便宜一点儿吗？

A：Qǐngwèn, zhè jiàn T-xù duōshao qián?
请问，这件T恤多少钱？

B：Yìbǎi kuài. Mǎi liǎng jiàn yìbǎibā.
100块。买两件180。

A：Tài guì le, sìshí kuài, zěnmeyàng?
太贵了，40块，怎么样？

B：Sìshí kuài? Wǒ jìn huò dōu bùzhǐ zhège jià. Nǐ chéngxīn yào mǎi,
40块？我进货都不止这个价。你诚心要买，
liùshí kuài màigěi nǐ.
60块卖给你。

A：Wǒ zuì duō chū wǔshí, duō yí kuài yě búyào.
我最多出50，多一块也不要。

B：Hǎo, wǔshí màigěi nǐ. Nǐ kě zhēn huì tǎo jià huán jià ya.
好，50卖给你。你可真会讨价还价呀。

A：Xièxie nǐ de kuājiǎng. Zhè tiáo niúzǎikù duōshao qián?
谢谢你的夸奖。这条牛仔裤多少钱？

B：Shíjià màigěi nǐ, liùshí kuài.
实价卖给你，60块。

A：T-xù, niúzǎikù yígòng yìbǎi kuài, zěnmeyàng?
T恤，牛仔裤一共100块，怎么样？

B：Hǎo, yìbǎi màigěi nǐ, yǐhòu cháng dào wǒ zhèr lái mǎi!
好，100卖给你，以后常到我这儿来买！

41

一、替换练习

1. 这件 红色 T恤多少钱?

条	蓝色	牛仔裤
双	白	皮鞋
顶	黄	帽子
副	黑	手套

2. 你可真会讨价还价呀。

开玩笑
买东西
喝酒
跳舞

3. 我最多出50。

买一本
吃两个
喝一杯
坐10分钟

4. T恤、牛仔裤一共100块,怎么样?

帽子	手套
手提包	钱包
毛衣	围巾
衬衣	裙子

二、读读写写想想

件	条	双	顶	副	套
红T恤	白皮鞋	黄帽子	黑手套		
讨价	还价	开价	实价	原价	现价
卖给你	买给你	送给你	寄给你		

三、用括号里的词语完成句子

1. 这件T恤 _____？（钱）

2. 太贵了。_____？（怎么样）

3. 我最多出50，_____。（不要）

4. 好，50卖给你。你 _____。（讨价还价）

四、用括号里的词语完成对话

1. A：_____

   B：100块。买两件180。（这件）

2. A：你诚心要买，60块卖给你。（最多）

   B：_____

3. A：你可真会讨价还价呀。（夸奖）

   B：_____

4. A：_____

   B：好，100卖给你，以后常到我这儿来买。（一共）

五、词语填空

1. 我进货都_____这个价。

2. 我最多_____50，多一块也不要。

3. _____卖给你，60块。

4. T恤、牛仔裤_____100块，怎么样？

六、模仿例句用划线词语造句

1. <u>太</u>贵了，40块怎么样？

2. 我进货都<u>不止</u>这个价。

3. 你<u>可</u>真会讨价还价呀。

4. 以后<u>常</u>到我这儿来买！

七、词语排序

1. 块 了 怎么样 40 贵 太 块 100

2. 最多 50 块 出 多 也 要 我 一 不

3. 一共 T恤 怎么样 块 100 牛仔裤

4. 这儿 买 常 我 到 以后 来

八、看图说话

九、阅读或听力

　　金小姐去服装市场买衣服，她买了一件红T恤和一条牛仔裤。如果不还价的话，得付200块，结果金小姐只付了100块，是老板开价的一半。金小姐可真会讨价还价呀。

十、成段表达

　　我去服装市场买衣服。我选了一件红T恤和一条牛仔裤，一共付了100块，是老板开价的一半。去服装市场买东西，一定要学会讨价还价。

Jiāotōng
交通

第五课
Dìtiě zhēn fāngbiàn
地铁真方便

Shengci 生词

1. 从……到……	cóng…dào…	from…to…	から…まで… …에서부터 …까지
2. 需要	xūyào	need	必要とする 필요하다
3. 够	gòu	enough	足りる 충분하다. 넉넉하다
4. 比	bǐ	than	より …보다
5. 还	hái	much more	もっと 더 … 한
6. 票价	piàojià	fare	切符の値段 표 값
7. 不管	bùguǎn	in despite of	にかかわらず 상관없이
8. 按照	ànzhào	according to	によって …에 따라
9. 距离	jùlí	distance	距離 거리, 간격
10. 长短	chángduǎn	length	長さ 길이
11. 水平	shuǐpíng	level	程度、レベル 수준
12. 分班	fēn bān	divide class	クラスを分ける 분반하다
13. 个子	gèzi	height	背丈 키. 신장
14. 排队	pái duì	stand in a line; queue	列をつくる 줄을 서다
15. 工具	gōngjù	instrument; tool	手段 공구 / 수단

第五课 地铁真方便

A: Cóng xuéxiào dào zhèr yào yí ge xiǎoshí ba?
从 学校 到 这儿 要 一 个 小时 吧?

B: Bù xūyào yí ge xiǎoshí, èrshíwǔ fēnzhōng jiù gòu le.
不 需要 一 个 小时, 25 分钟 就 够 了。

A: Èrshíwǔ fēnzhōng? Bǐ chūzūchē hái kuài ne. Nǐ shì zěnme lái de?
25 分钟? 比 出租车 还 快 呢。你 是 怎么 来 的?

B: Wǒ shì zuò dìtiě lái de, cóng Cáobǎo Lù dào Rénmín Guǎngchǎng yígòng shì qī zhàn, zhǐyào shíbā fēnzhōng.
我 是 坐 地铁 来 的,从 漕宝 路 到 人民 广场 一共 是 7 站,只要 18 分钟。

A: Dìtiě zhēn kuài. Nà piàojià shì duōshao ne?
地铁 真 快。那 票价 是 多少 呢?

B: Zhǐ yào sān kuài, bǐ zuò chūzūchē piányi duō le.
只要 三 块,比 坐 出租车 便宜 多 了。

A: Bùguǎn zuò jǐ zhàn dōu shì sān kuài ma?
不管 坐 几 站 都 是 三 块 吗?

B: Bú shì, ànzhào jùlí chángduǎn, piàojià cóng liǎng kuài dào liù kuài.
不 是,按照 距离 长短, 票价 从 两 块 到 六 块。

A: Dìtiě kě zhēn shì yòu fāngbiàn yòu piányi ya.
地铁 可 真 是 又 方便 又 便宜 呀。

47

Lian xi

一、替换练习

1. 从<u>这儿</u>到<u>学校</u>需要<u>一个小时</u>吧?

学校	徐家汇	半个小时
飞机场	学校	一个半小时
这儿	动物园	四十分钟
你的家	地铁站	十分钟

2. 不需要<u>一个小时</u>,<u>二十五分钟</u>就够了。

半个小时	十分钟
20块	10块
三天	一天
半年	三个月

3. 比<u>出租车</u>还<u>快</u>呢。

广州	热
大商店	贵
走路	慢
自由市场	便宜

4. 按照<u>距离</u> <u>长短</u> <u>定票价</u>。

水平	高低	分班
个子	高矮	排队
座位	前后	定票价
分量	轻重	定价格

第五课　地铁真方便

二、读读写写想想

> 从你的家到这儿　　从飞机场到学校　　从这儿到地铁站
> 比出租车还快　　比走路还慢　　比广州还热　　比中国人说汉语还流利
> 便宜多了　　贵多了　　快多了　　热多了
> 按照距离长短　　按照水平高低　　按照个子高矮　　按照座位前后定票价

三、用括号里的词语完成句子

1. 从学校到这儿 ＿＿＿＿＿＿＿＿＿＿＿＿＿＿＿？（需要）
2. 不需要一个小时，＿＿＿＿＿＿＿＿＿＿＿＿＿＿。（够）
3. 地铁 ＿＿＿＿＿＿＿＿＿＿＿＿＿＿＿＿＿＿。（比）
4. 从人民广场到火车站 ＿＿＿＿＿＿＿＿＿＿＿＿。（站）

四、用括号里的词语完成对话

1. A：你是怎么来的？（坐地铁）
   B：＿＿＿＿＿＿＿＿＿＿＿＿＿＿＿＿＿＿＿

2. A：从学校到这儿需要一个小时吧？（就够了）
   B：＿＿＿＿＿＿＿＿＿＿＿＿＿＿＿＿＿＿＿

3. A：地铁的票价是多少呢？（多了）
   B：＿＿＿＿＿＿＿＿＿＿＿＿＿＿＿＿＿＿＿

4. A：从学校到火车站票价是多少钱？（又……又……）
   B：＿＿＿＿＿＿＿＿＿＿＿＿＿＿＿＿＿＿＿

五、词语填空

1. 不＿＿＿＿一个小时，25分钟就＿＿＿＿了。
2. ＿＿＿＿学校＿＿＿＿人民广场＿＿＿＿18分钟。
3. 坐地铁＿＿＿＿坐公共汽车快＿＿＿＿了。
4. 地铁真是又＿＿＿＿又＿＿＿＿啊。

六、模仿例句用划线词语造句

1. 从学校到这儿需要一个小时吧？

2. 坐地铁比坐出租车还快呢。

3. 坐地铁比坐出租车便宜多了。

4. 按照距离长短，票价从两块到六块。

七、词语排序

1. 学校 一 到 要 小时 这儿 个 吧 从
2. 呢 比 坐 还 出租车 快 地铁 坐
3. 比 便宜 出租车 地铁 坐 了 多 坐
4. 真 可 是 地铁 方便 便宜 又 啊 又

八、看图说话

九、阅读或听力

上海最方便的交通工具是地铁。从人民广场到火车站只要7分钟，从人民广场到徐家汇只要10分钟。票价按照距离长短，从两块到六块。比如从人民广场到火车站只要两块，从人民广场到徐家汇只要三块。地铁真是又方便又便宜。

十、成段表达

我坐地铁去人民广场。从漕宝路到人民广场一共7站，只花了18分钟，比出租车还快。票价也很便宜，只要三块钱。地铁真是又方便又便宜。

第五课　地铁真方便

Shengci 生词

1. 再	zài	again; still	たら 만약 또 다시
2. 来不及	láibují	there's not enough time	間に合わない 제 시간에 도착하지 못하다
3. 来得及	láidejí	there's still time	間に合う 시간 내에 도착하다
4. 东方明珠	Dōngfāng Míngzhū	Oriental Pearl	テレビ塔 동방명주 TV Tower 건물
5. 上次	shàng cì	last time	前回 지난 번에
6. 花	huā	spend	使う、費やす (시간을)소비하다
7. 当然	dāngrán	of course	言うまでもなく 당연히, 물론
8. 站内	zhànnèi	in the station	駅の中 역 내
9. 换乘	huàn chéng	transfer	乗り換える 갈아타다
10. 迟到	chídào	be late for	遅く 지각하다. 늦다
11. 忘	wàng	forget	忘れる 잊어버리다
12. 参加	cānjiā	take part in	参加する …에 참가하다
13. 这些	zhèxiē	these	これら 이것들
14. 可是	kěshì	but; however	けれども 그러나

课文 Kewen

A: 玛丽，快一点儿，再不走就来不及了。
Mǎlì, kuài yìdiǎnr, zài bù zǒu jiù láibují le.

B: 来得及，从这儿到东方明珠，最多一个小时就到了。
Láidejí, cóng zhèr dào Dōngfāng Míngzhū, zuì duō yí ge xiǎoshí jiù dào le.

A: 一个小时怎么够啊。上次我到人民广场就花了一个多小时。
Yí ge xiǎoshí zěnme gòu a. Shàng cì wǒ dào Rénmín Guǎngchǎng jiù huā le yí ge duō xiǎoshí.

B: 上次你坐的是公共汽车，今天我们坐地铁去。坐地铁比坐公共汽车快多了。
Shàng cì nǐ zuò de shì gōnggòng qìchē, jīntiān wǒmen zuò dìtiě qù. Zuò dìtiě bǐ zuò gōnggòng qìchē kuài duō le.

A: 从这儿到东方明珠，地铁能到吗？
Cóng zhèr dào Dōngfāng Míngzhū, dìtiě néng dào ma?

B: 当然能到。我们先坐地铁一号线到人民广场，再换地铁二号线，就能到东方明珠。
Dāngrán néng dào. Wǒmen xiān zuò dìtiě yī hào xiàn dào Rénmín Guǎngchǎng, zài huàn dìtiě èr hào xiàn, jiù néng dào Dōngfāng Míngzhū.

A: 一号线换二号线麻烦吗？
Yī hào xiàn huàn èr hào xiàn máfan ma?

B: 不麻烦，不用出站，在站内就能换乘。
Bù máfan, búyòng chū zhàn, zài zhànnèi jiù néng huàn chéng.

A: 那票价是多少呢？
Nà piàojià shì duōshao ne?

B: 只要三块，比坐公共汽车还便宜呢。
Zhǐ yào sān kuài, bǐ zuò gōnggòng qìchē hái piányi ne.

第五课　地铁真方便

一、替换练习

1. 再不<u>走</u>就<u>来不及</u>了。

走	迟到
吃	凉
买	没有
学习	忘

2. <u>一个小时</u>怎么够啊。

一天
100块钱
三个人
这些衣服

3. <u>坐地铁</u>比<u>坐公共汽车</u> <u>方便</u>多了。

坐地铁	坐公共汽车	快
坐地铁	坐出租车	便宜
坐出租车	坐公共汽车	贵
坐公共汽车	坐地铁	慢

4. 我们先<u>坐地铁一号线</u>到人民广场，再<u>换地铁二号线</u>。

坐公共汽车	换地铁
去买东西	去吃饭
去吃饭	去喝咖啡
学习汉语	去旅游

二、读读写写想想

再吃一个	再换二号线	再不走就来不及了	再说也没用
先坐公共汽车再换地铁		先学习汉语再去旅游	
当然能到	当然参加	当然喜欢	当然可以
上次	上个星期	上个月	上一站

三、用括号里的词语完成句子

1. 快一点儿，再 _____。（来不及）

2. 从这儿到东方明珠 _____。（最多）

3. 坐地铁比 _____。（多了）

4. 我们先坐一号线到人民广场，_____。（再）

四、用括号里的词语完成对话

1. A：快一点儿，再不走就来不及了。（来得及）
   B：_____

2. A：从这儿到东方明珠地铁能到吗？（先……再……）
   B：_____

3. A：地铁一号线换二号线麻烦吗？（站内）
   B：_____

4. A：票价是多少呢？（比）
   B：_____

五、词语填空

1. 快一点儿，再不走就 _____ 了。

2. _____ 一个小时 _____ 到了。

3. 坐地铁 _____ 坐公共汽车快 _____ 。

4. 不用 _____ ，在 _____ 就能换乘。

六、模仿例句用划线词语造句

1. 快一点儿，<u>再</u>不走要来不及了。

2. <u>先</u>坐一号线，<u>再</u>换二号线。

3. 坐地铁<u>比</u>坐公共汽车快<u>多了</u>。

4. 地铁<u>当然</u>能到。

七、词语排序

1. 来不及 就 一点儿 走 不 快 了 再
2. 人民广场 了 到 我 花 就 多 上次 小时 一个
3. 公共汽车 了 多 地铁 坐 比 快 坐
4. 东方明珠 吗 到 从 到 这儿 能 地铁

八、看图说话

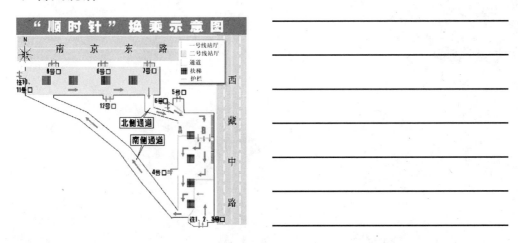

_____
_____
_____
_____
_____

九、阅读或听力

玛丽和杰克要去东方明珠，从师范大学到东方明珠很远，坐公共汽车要两个小时，还要换车，很不方便。可是坐地铁的话，先坐一号线到人民广场，再换二号线，一个小时就能到了，又快又方便。

十、成段表达

昨天我和玛丽去东方明珠，我们是坐地铁去的。先坐一号线到人民广场，再换二号线。票价只要3块钱，真是又方便又便宜。

Cānyǐn
餐饮

第 六 课
Zhōngguó cài tài hǎochī le
中国 菜太 好吃 了

第六课　中国菜太好吃了

Shēngcí 生词

1.	太……了	tài…le	too	過ぎる / 너무나…하다
2.	过	guo	~ed	したことがある / 과거형 이미(…했다)
3.	正宗	zhèngzōng	authentic	正統、本筋 / 정통적인 / 원조
4.	辣	là	peppery; hot	辛い / 맵다
5.	偏	piān	a little; somewhat	比較的 / …하는 경향이 있다
6.	甜	tián	sweet	甘い / (맛)달다
7.	有名	yǒumíng	famous	名高い / 유명하다
8.	口味	kǒuwèi	taste	味 / 맛
9.	清淡	qīngdàn	not strongly flavored	薄い / 담백하다
10.	咸	xián	salty	塩辛い / (맛)짜다
11.	淡	dàn	tasteless; (of food) light	薄い / (맛)싱겁다
12.	油腻	yóunì	greasy	脂っこい / 기름기가 많다(느끼하다)
13.	酸	suān	sour	酸っぱい / (맛)시다
14.	香	xiāng	savory; fragrant	香りや味がよい / 맛있다
15.	苦	kǔ	bitter	苦い / (맛)쓰다

A: Qiáoběn xiānsheng chīguo Zhōngguó cài ma?
桥本 先生 吃过 中国 菜吗?

B: Zài Rìběn chīguo, zài Zhōngguó hái méiyou.
在 日本 吃过, 在 中国 还 没有。

A: Jīntiān wǒ qǐng nǐ chī zhèngzōng de Zhōngguó cài.
今天 我 请 你 吃 正宗 的 中国 菜。

B: Nà tài hǎo le.
那 太 好 了。

A: Qiáoběn xiānsheng xǐhuan chī là de ma?
桥本 先生 喜欢 吃 辣 的 吗?

B: Bù, wǒ bú tài xǐhuan chī là de, wǒ xǐhuan chī piān tián de.
不, 我 不 太 喜欢 吃 辣 的, 我 喜欢 吃 偏 甜 的。

A: Nà wǒmen qù chī Cháozhōu cài ba. Wǒ zhīdào yìjiā yǒumíng de Cháozhōu càiguǎn.
那 我们 去 吃 潮州 菜 吧。我 知道 一 家 有 名 的 潮州 菜馆。

B: Cháozhōu cài shì shénme kǒuwèi ne?
潮州 菜 是 什么 口味 呢?

A: Cháozhōu cài kǒuwèi piān tián, yě bǐjiào qīngdàn.
潮州 菜 口味 偏 甜, 也 比较 清淡。

B: Hǎo, wǒ xǐhuan chī qīngdàn de cài.
好, 我 喜欢 吃 清淡 的 菜。

第六课　中国菜太好吃了

一、替换练习

1. 你<u>吃</u>过<u>中国菜</u>吗？

学	汉语
去	北京
坐	上海的地铁
骑	自行车

2. 今天我请你吃正宗的<u>中国菜</u>。

法国菜
韩国菜
日本菜
印尼菜

3. 我不太喜欢吃<u>辣</u>的，我喜欢吃偏<u>甜</u>的。

咸	偏淡
油腻	清淡
酸	甜
冷	热

4. 那我们去吃<u>潮州菜</u>吧。

四川菜
北京菜
杭州菜
上海菜

59

二、读读写写想想

甜	咸	酸	辣	香	淡	苦	清淡	油腻
吃过	喝过	看过	听过	学过	去过
有名的菜馆	有名的公园	有名的电影	有名的小说
偏咸	偏甜	偏辣	偏油	偏淡

三、用括号里的词语完成句子

1. 桥本先生吃 _____？（过）
2. 今天我请你 _____。（正宗）
3. 我不太喜欢吃辣的，_____。（偏）
4. 我知道一家 _____。（有名）

四、用括号里的词语完成对话

1. A：你吃过中国菜吗？（还）
   B：_____
2. A：_____
   B：那太好了。（正宗）
3. A：你喜欢吃辣的吗？（偏）
   B：_____
4. A：潮州菜是什么口味呢？（清淡）
   B：_____

五、词语填空

1. 我还没吃_____中国菜。
2. 今天我请你吃_____的中国菜。
3. 我知道一家_____的北京菜馆。
4. 我不喜欢油腻的菜，喜欢_____的菜。

六、模仿例句用划线词语造句

1. 你吃过中国菜吗？

2. 今天我请你吃正宗的中国菜。

3. 我知道一家有名的潮州菜馆。

4. 在日本吃过，在中国还没有。

七、词语排序

1. 过 吃 桥本 先生 吗 中国菜
2. 中国菜 的 请 我 你 正宗 吃 今天
3. 知道 菜馆 有名 家 一 的 我 潮州
4. 口味 也 潮州菜 甜 偏 清淡 比较

八、把你知道的味道写在下面表格的右边，左边配上相应的名词

九、阅读或听力

　　桥本先生刚来中国，还没吃过正宗的中国菜。他不太喜欢吃辣的菜，喜欢吃偏甜的菜。他朋友请他吃潮州菜。潮州菜口味偏甜，也比较清淡。

十、成段表达

　　朋友请我吃中国菜。我告诉他，我不太喜欢吃辣的菜，我喜欢吃偏甜的菜。朋友说，那我们去吃潮州菜。潮州菜口味偏甜，也比较清淡。

Shengci 生词

1. 点	diǎn	order (dishes)	注文 (음식을)주문하다	
2. 烧味拼盘	Shāowèi Pīnpán	barbecue tray	焼き物の前菜 편육식 구운 고기	
3. 水晶虾仁	Shuǐjīng Xiārén	plain-fried shrimps	エビのいためもの 새우가 들어간 중국요리	
4. 上汤芦笋	Shàngtāng Lúsǔn	soup asparagus	高級だっで煮アスパラガス 중국식 아스파라가스 수프	
5. 萝卜丝饼	luóbosī bǐng	shredded radish cake	大根のお好み焼き 무우가 들어간 중국식 고로케	
6. 起来	qǐlái	used after verbs to indicate an impression, *etc*.	の時 …하니(동사+起来)	
7. 艺术品	yìshùpǐn	artwork	芸術品 예술품	
8. 尝尝	chángchang	taste	味わってみる 맛을 보다	
9. 舍不得	shěbude	be not willing to	おしがる ~ 하기 아쉽다(아깝다)	
10. 闻	wén	smell	においをかぐ 냄새 맡다	
11. 味道	wèidào	taste	あじ 맛	
12. 完全	wánquán	entirely; totally	ぜんぜん 완전히	
13. 特色	tèsè	characteristic	特色 특색	
14. 色香味	sè xiāng wèi	color, fragrance and savor	色とにおいと味 색, 향, 맛	
15. 俱全	jùquán	completely; fully	すべてある 완비하다	

第六课　中国菜太好吃了

A: Jīntiān wǒmen diǎn yí ge shāowèi pīnpán, yí ge shuǐjīng xiārén,
今天我们点一个烧味拼盘、一个水晶虾仁、
yí ge shāngtāng lúsǔn, yí ge luóbosī bǐng hǎo ma?
一个上汤芦笋、一个萝卜丝饼好吗?

B: Hǎo, zhèxiē cài de míngzì tīng qǐlái jiù hěn hǎochī.
好,这些菜的名字听起来就很好吃。

A: Nà děng yíhuìr cài lái le qǐng duō chī diǎnr.
那等一会儿菜来了请多吃点儿。

B: Zhèxiē cài de yàngzi zhēn hǎokàn, xiàng yìshùpǐn yíyàng.
这些菜的样子真好看,像艺术品一样。

A: Nà jiù qǐng chángchang ba.
那就请尝尝吧。

B: Tài piàoliàng le, zhēn shěbude chī a, érqiě wén qǐlái wèidào yě
太漂亮了,真舍不得吃啊,而且闻起来味道也
hěn xiāng.
很香。

A: Zhè gēn nǐ yǐqián chīguo de Zhōngguó cài yíyàng ma?
这跟你以前吃过的中国菜一样吗?

B: Wánquán bù yíyàng, yòu hǎokàn yòu hǎochī.
完全不一样,又好看又好吃。

A: Zhè jiù shì Zhōngguó cài de tèsè, sè xiāng wèi jùquán.
这就是中国菜的特色,色香味俱全。

B: Zhōngguó cài tài hǎochī le.
中国菜太好吃了。

一、替换练习

    1. 请你<u>尝尝</u>吧。

| 看看 |
| 听听 |
| 穿穿 |
| 试试 |

    2. <u>这些菜的名字</u> <u>听</u>起来就很<u>好吃</u>。

这些汉字	看	难写
这家商店的东西	看	贵
这个菜	闻	香
这个名字	听	好听

    3. <u>这些菜</u>像<u>艺术品</u>一样。

她们俩	姐妹
今天的天气	秋天
他说的汉语	中国人
这个学校	花园

    4. <u>这些菜</u>的样子真<u>好看</u>。

中国菜	好吃
这首歌	好听
这种味道	好闻
这个电脑游戏	好玩

第六课　中国菜太好吃了

二、读读写写想想

听起来	看起来	闻起来	吃起来
好吃	好看	好听	好闻	好玩
舍不得吃	舍不得穿	舍不得买	舍不得离开
太好吃了	太漂亮了	太高兴了	太好了

三、用括号里的词语完成句子

1. 我们 ＿＿＿＿＿＿＿＿＿＿＿＿＿＿＿＿＿＿＿＿＿＿。（点）

2. 这些菜真好看，＿＿＿＿＿＿＿＿＿＿＿＿＿＿＿＿＿＿。（像）

3. 菜来了，请＿＿＿＿＿＿＿＿＿＿＿＿＿＿＿＿＿＿＿。（点儿）

4. 这就是中国菜的特色，＿＿＿＿＿＿＿＿＿＿＿＿＿＿。（俱全）

四、用括号里的词语完成对话

1. A：＿＿＿＿＿＿＿＿＿＿＿＿＿＿＿＿＿＿＿＿＿＿＿
   B：好，这些菜的名字听起来就很好听。（点）

2. A：这些菜的样子真好看，像艺术品一样。（尝）
   B：＿＿＿＿＿＿＿＿＿＿＿＿＿＿＿＿＿＿＿＿＿＿

3. A：这跟你以前吃过的中国菜一样吗？（完全）
   B：＿＿＿＿＿＿＿＿＿＿＿＿＿＿＿＿＿＿＿＿＿＿

4. A：中国菜的特色是什么？（俱全）
   B：＿＿＿＿＿＿＿＿＿＿＿＿＿＿＿＿＿＿＿＿＿＿

五、词语填空

1. 这些菜的名字听＿＿＿＿＿＿就很好吃。

2. 这些菜的样子真好看，＿＿＿＿＿＿艺术品＿＿＿＿＿＿。

3. 太漂亮了，真＿＿＿＿＿＿吃啊。

4. 这就是中国菜的特色，＿＿＿＿＿＿俱全。

六、模仿例句用划线词语造句

1. 我们点一个水晶虾仁。

2. 菜的味道闻起来很香。

3. 这些菜的样子真好看,像艺术品一样。

4. 太漂亮了,真舍不得吃啊。

七、词语排序

1. 请 了 吃 菜 多 来 点儿
2. 艺术品 菜 样子 这些 的 好看 一样 真 像
3. 一样 中国菜 这 过 我 吃 的 以前 不 跟 完全
4. 中国菜 色香味 是 的 特色 这 俱全 就

八、看图说话

九、阅读或听力

　　桥本先生和他的朋友去吃中国菜。他们点了三个菜,一个点心。这些菜的样子很好看,像艺术品一样。桥本先生舍不得吃。朋友说,这就是中国菜的特色,色香味俱全。

十、成段表达

　　朋友请我吃潮州菜。他点了一个烧味拼盘、一个水晶虾仁、一个上汤芦笋、一个萝卜丝饼。这些菜又好看又好吃。朋友说,这就是中国菜的特色,色香味俱全。

Kànbìng
看病

第七课
Nǐ gǎnmào le
你 感冒 了

7

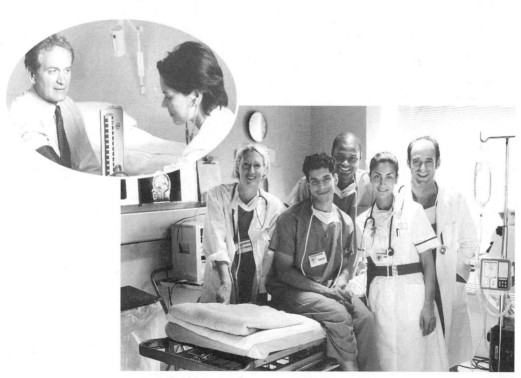

课文一 Shengci 生词

1.	怎么了	zěnmele	what's wrong	どうしたのですか 무슨 일 있어요?
2.	舒服	shūfu	be well	調子がよい (몸, 마음)편안하다
3.	头疼	tóuténg	headache	頭が痛い 머리 아프다
4.	嗓子	sǎngzi	throat	喉 목구멍
5.	咳嗽	késou	cough	咳をする 기침하다
6.	把	bǎ	make	を …를(~ 하게 하다)
7.	体温	tǐwēn	body temperature	体温 체온
8.	量	liáng	measure	はかる …를 측정하다
9.	空调	kōngtiáo	air conditioner	エアコン 에어컨
10.	温度	wēndù	temperature	温度 온도
11.	调	tiáo	switch; move	調節する 조절하다
12.	怎么办	zěnmebàn	How to deal with it?	どうするか 어떻게 할까요?
13.	保持	bǎochí	keep	保持 유지하다
14.	新鲜	xīnxiān	fresh	新鮮 신선하다
15.	温差	wēnchā	temperature difference	温度差 온도차

第七课 你感冒了

A: Nǐ zěnme le? Nǎr bù shūfu?
你怎么了？哪儿不舒服？

B: Wǒ tóuténg, sǎngzi yě téng, hái yǒu diǎnr késou.
我头疼，嗓子也疼，还有点儿咳嗽。

A: Bǎ zuǐ zhāngkāi, sǎngzi hěn hóng. Tǐwēn liángguo le ma?
把嘴张开，嗓子很红。体温量过了吗？

B: Gāngcái liángguo le, sānshíqī dù bā.
刚才量过了，三十七度八。

A: Nǐ fángjiān lǐ kāi kōngtiáo ma?
你房间里开空调吗？

B: Dāngrán kāi, érqiě wǒ xǐhuan bǎ wēndù tiáo de hěn dī.
当然开，而且我喜欢把温度调得很低。

A: Nǐ gǎnmào le, xiànzài wàimiàn wēndù hěn gāo, bǎ shìnèi wēndù tiáo de tài dī, hěn róngyì gǎnmào.
你感冒了，现在外面温度很高，把室内温度调得太低，很容易感冒。

B: Nà wǒ gāi zěnmebàn ne?
那我该怎么办呢？

A: Yào bǎochí shìnèi kōngqì de xīnxiān, shìnèiwài wēnchā búyào tài dà.
要保持室内空气的新鲜，室内外温差不要太大。

B: Xièxiè nín, dàifu. Wǒ ànzhào nín de huà qù zuò.
谢谢您，大夫。我按照您的话去做。

一、替换练习

1. 我<u>头疼</u>。

嗓子
眼睛
牙
耳朵

2. 把<u>嘴</u> <u>张开</u>。

书	翻开
窗	打开
门	关上
眼睛	闭上

3. <u>你</u>怎么了？<u>哪儿不舒服</u>？

他	一天不吃饭
玛丽	一个人在哭
山本	一个人在生气
杰克	买了这么多啤酒

4. 我按照<u>您的话</u>去做。

老师的要求
说明书的介绍
学校的规定
父母的希望

第七课　你感冒了

二、读读写写想想

头疼	嗓子疼	眼睛疼	牙疼
把嘴张开	把窗打开	把门关上	把酒喝完
温度高	温度低	天气热	天气冷
新鲜空气	新鲜蔬菜	新鲜水果	新鲜事物

三、用括号里的词语完成句子

1. 你怎么了？＿＿＿＿＿＿＿＿＿＿＿？（舒服）

2. 体温量过了，＿＿＿＿＿＿＿＿＿＿＿。（度）

3. 我喜欢 ＿＿＿＿＿＿＿＿＿＿＿。（把）

4. 室内温度太低 ＿＿＿＿＿＿＿＿＿＿＿。（容易）

四、用括号里的词语完成对话

1. A：你怎么了？哪儿不舒服？（疼）
   B：＿＿＿＿＿＿＿＿＿＿＿

2. A：体温量过了吗？（度）
   B：＿＿＿＿＿＿＿＿＿＿＿

3. A：你房间里开空调吗？（低）
   B：＿＿＿＿＿＿＿＿＿＿＿

4. A：现在我应该怎么办呢？（保持）
   B：＿＿＿＿＿＿＿＿＿＿＿

五、词语填空

1. ＿＿＿＿嘴张开。

2. 体温 ＿＿＿＿过了吗？

3. 要 ＿＿＿＿室内空气的新鲜。

4. 大夫，我 ＿＿＿＿您的话去做。

六、模仿例句用划线词语造句

1. 大夫，我头<u>疼</u>。

2. 请<u>把</u>嘴张开。

3. 要<u>保持</u>室内空气的新鲜。

4. 大夫，我<u>按照</u>您的话去做。

七、词语排序

1. 舒服　了　哪儿　你　不　怎么
2. 了　度　刚才　过　八　量　三十七
3. 呢　怎么　办　那　该　我
4. 新鲜　室内　要　空气　保持　的

八、模仿例句改写句子

请张开嘴。（把）→　请把嘴张开。

请打开窗。（把）→

请关上门。（把）→

请开空调。（把）→

请洗衣服。（把）→

九、阅读或听力

　　山本喜欢把房间里的温度开得很低。昨天上午，他觉得不舒服，头疼，嗓子疼，有点儿咳嗽，还有点儿发烧。他去医院看病，大夫说他感冒了。

十、成段表达

　　昨天上午，我觉得不舒服。头疼，嗓子疼，有点儿咳嗽，还有点儿发烧。大夫说我感冒了，叫我不要把空调开得太低。我要按照大夫的话去做。

第七课　你感冒了

生词 Shengci

1. 肚子	dùzi	belly; stomach	おなか	(신체부위)배
2. 不得了	bùdéliǎo	seriously	でたまらない	매우 심하다
3. 炸	zhá	fried	油で揚げる	튀기다
4. 猪排	zhūpái	pork chop	ぶたステーキ	돼지갈비
5. 解开	jiěkāi	untie; loose	解く	풀어 헤치다
6. 检查	jiǎnchá	check-up	検査	검사(진찰)하다
7. 一下	yíxià	used after a verb, indicating an act or an attempt	ちょっと	동사 + ~ 한번...해보다
8. 只要……就	zhǐyào…jiù	if only	さえすれば	...하기만 하면, 곧...하다
9. 稍微	shāowēi	a little; somewhat	すこし	약간, 조금
10. 消化	xiāohuā	digestion; assimilation	消化	소화
11. 功能	gōngnéng	function	功能、機能	기능
12. 尽量	jǐnliàng	as...as possible	できるだけ	최고한도에 달하다
13. 今后	jīnhòu	from now on; henceforth	今後	지금부터는
14. 控制	kōngzhì	control	抑える	통제하다
15. 开药	kāi yào	make a prescription	処方箋を書く	약을 처방하다

课文 Kewen

A: Dàifu, wǒ dùzi téng de bùdéliǎo.
   大夫，我肚子疼得不得了。

B: Shénme shíhou kāishǐ de? Zài zhè zhīqián nǐ chīguo xiē shénme ne?
   什么时候开始的？在这之前你吃过些什么呢？

A: Zuótiān yèli kāishǐ de, zuótiān wǎncān de shíhou chīle hěn duō zhá zhūpái.
   昨天夜里开始的，昨天晚餐的时候吃了很多炸猪排。

B: Bǎ yīfu jiěkāi, wǒ gěi nǐ jiǎnchá yíxià. Yǐqián zhèyàng de qíngkuàng yǒuguo ma?
   把衣服解开，我给你检查一下。以前这样的情况有过吗？

A: Yǒuguo, zhǐyào chī de shāowēi duō yìdiǎn dùzi jiù téng le.
   有过，只要吃得稍微多一点肚子就疼了。

B: Nà shuōmíng nǐ de xiāohuà gōngnéng búshì hěn hǎo.
   那说明你的消化功能不是很好。

A: Wǒ yīnggāi zěnmebàn ne?
   我应该怎么办呢？

B: Yí cì bùnéng chī de tài duō, tèbié shì bú tài róngyì xiāohuà de yóuzhá shípǐn, jǐnliàng shǎo chī.
   一次不能吃得太多，特别是不太容易消化的油炸食品，尽量少吃。

A: Hǎode, jīnhòu wǒ yídìng zhùyì, jǐnliàng kòngzhì zìjǐ de yǐnshí.
   好的，今后我一定注意，尽量控制自己的饮食。

B: Xiànzài wǒ xiān gěi nǐ kāi yìxiē zhù xiāohuà de yào ba.
   现在我先给你开一些助消化的药吧。

第七课 你感冒了

一、替换练习

1. <u>肚子</u> <u>疼</u>得不得了。

嗓子	疼
天气	热
价格	贵
空调	冷

2. 我给你<u>检查</u>一下。

问
看
量
修理

3. <u>晚餐</u>的时候吃了很多<u>炸猪排</u>。

晚餐	喝	酒
聊天	喝	咖啡
逛街	买	东西
结婚	请	客人

4. 尽量<u>少吃</u> <u>油炸食品</u>。

少开	空调
少喝	酒
多记	生词
多说	汉语

二、读读写写想想

> 疼得不得了　　累得不得了　　热得不得了　　好得不得了
> 检查一下　　　看一下　　　　问一下　　　　尝一下
> 把衣服解开　　把衣服扣上　　把衣服脱下　　把衣服穿上
> 尽量少吃　　　尽量少喝　　　尽量多学　　　尽量多说

三、用括号里的词语完成句子

1. 我肚子 _____。（不得了）

2. _____，我给你检查一下。（把）

3. 你应该 _____。（尽量）

4. 我先给你 _____。（开）

四、用括号里的词语完成对话

1. A：你什么地方不舒服？（不得了）
   B：_____

2. A：什么时候开始疼的？（从）
   B：_____

3. A：以前这样的情况有过吗？（稍微）
   B：_____

4. A：现在我该怎么办呢？（尽量）
   B：_____

五、词语填空

1. 我肚子疼 _____ 不得了。

2. _____ 衣服解开，我 _____ 你检查 _____。

3. 稍微多吃一点儿 _____ 疼。

4. 今后我一定 _____ 少吃油炸食品。

第七课　你感冒了

六、模仿例句用划线词语造句

1. 我肚子疼得<u>不得了</u>。

2. <u>把</u>衣服解开。

3. 不要吃得太多，<u>特别</u>是油炸食品。

4. 我一定<u>尽量</u>控制自己的饮食。

七、词语排序

1. 时候　晚餐　了　很多　昨天　炸　吃　猪排　的
2. 我　解开　你　衣服　检查　给　一下　把
3. 了　一点　只要　得　多　疼　稍微　就　肚子　吃
4. 自己　今后　尽量　我　一定　饮食　的　控制

八、看图说话

_____

_____

_____

_____

_____

九、阅读或听力

　　山口小姐很喜欢吃油炸食品，她觉得油炸食品很香。昨天山口小姐吃了很多炸猪排，夜里肚子疼得不得了。今天上午她去医院看病。大夫给她检查以后，说她的消化功能不太好，以后应该尽量少吃油炸食品，要注意控制自己的饮食。

十、成段表达

　　昨天我吃了很多炸猪排，夜里肚子疼得不得了。今天我去医院看病，大夫说，是消化功能不好，今后要尽量少吃油炸食品。我应该听大夫的话。

Lǚyóu
旅游（一）

第八课

Wǒ xiǎng qù Wàitān kàn yèjǐng
我想去外滩看夜景

第八课　我想去外滩看夜景

Sheng ci 生词

1. 夜景	yèjǐng	night scene	夜景 / 야경
2. 陪	péi	accompany	付き添う / 동반하다
3. 听说	tīngshuō	hear of	だそうだ / 듣자니…라고 한다
4. 两岸	liǎng'àn	the two sides of	川の両側 / 해안의 양쪽
5. 浦西	Pǔxī	Pu xi	黄浦江の西側 / 황포강의 서쪽지역
6. 古典	gǔdiǎn	classic	クラシック / 고전
7. 风格	fēnggé	style	風格 / 풍격, 스타일
8. 各异	gèyì	various	同じでない / 다양하다
9. 浦东	Pǔdōng	Pu dong	黄浦江の東側 / 황포강의 동쪽지역
10. 雄伟	xióngwěi	magnificent; majestic	雄大 / 웅대(하다)
11. 壮观	zhuàngguān	spectacular	壮観 / 장관(하다)
12. 好	hǎo	used before numeral indicators to suggest a large number	数量や程度を強調する / (양사앞에서)많음을 나타내다 / 나타 내다
13. 尽收眼底	jìnshōuyǎndǐ	take a whole view of	全体の景色が目に入る望できる / 한 눈에 다 볼 수 있다
14. 诗歌	shīgē	poem	詩 / 시
15. 美不胜收	měibúshēng-shōu	be of dazzling splendour	立派なものが多くて一度ではならなか見きれない / 너무 아름다워서 한번에 다 감상할 수 없다

课文 Kewen

A: Zhè liǎng ge xīngqī nǐ qùle Shànghǎi de nǎxiē dìfang?
 这 两 个 星期 你 去了 上海 的 哪些 地方?

B: Wǒ qùle Shànghǎi Bówùguǎn, Yùyuán, Dōngfāng Míngzhū, Shìjì Gōngyuán.
 我 去了 上海 博物馆、豫园、东方 明珠、世纪 公园。

A: Qù de dìfang zhēn bù shǎo. Nǐ hái xiǎng qù shénme dìfang, wǒ péi nǐ qù.
 去的 地方 真 不 少。你 还 想 去 什么 地方,我 陪 你去。

B: Wǒ hái xiǎng qù kànyikàn Wàitān de yèjǐng, tīngshuō Wàitān de yèjǐng fēicháng piàoliang.
 我 还 想 去 看一看 外滩 的 夜景,听说 外滩 的 夜景 非常 漂亮。

A: Shì de, Wàitān de fēngjǐng báitiān、wǎnshang wánquán bù yíyàng.
 是的,外滩 的 风景 白天、晚上 完全 不 一样。

B: Nàtiān shàngwǔ qù Dōngfāng Míngzhū kàn Huángpǔjiāng liǎng'àn de jiànzhù yě hěn piàoliang. Pǔxī de gǔdiǎn jiànzhù fēnggé gèyì, Pǔdōng de xiàndài jiànzhù xióngwěi zhuàngguān.
 那天 上午 去 东方 明珠 看 黄浦江, 两岸 的 建筑也很 漂亮。浦西 的 古典 建筑 风格 各异,浦东 的 现代 建筑 雄伟 壮观。

A: Wǎnshang zài dēngguāng xià, zhèxiē jiànzhù jiù gèng piàoliang le.
 晚上 在 灯光 下,这些 建筑 就 更 漂亮 了。

B: Shì a, wǒ de péngyou qùle hǎo jǐ cì ne.
 是啊,我的 朋友 去了 好 几次呢。

A: Wǒmen xiān zài Pǔxī kàn Pǔdōng, ránhòu zài qù Pǔdōng kàn Pǔxī.
 我们 先 在浦西看 浦东,然后 再去 浦东 看浦西。

B: Nà liǎng'àn de měijǐng dōu jìnshōuyǎndǐ le.
 那 两岸 的 美景 都 尽收眼底 了。

第八课　我想去外滩看夜景

一、替换练习

1. 我陪你去。

| 喝 |
| 唱 |
| 看 |
| 走 |

2. 我想去外滩 看夜景。

去商店	买东西
去图书馆	借书
去银行	换钱
去教室	上课

3. 听说外滩的夜景很漂亮。

| 北京的颐和园 |
| 南京路步行街 |
| 桂林的山水 |
| 杭州的西湖 |

4. 我朋友去了好几次呢。

看	好几遍
买	好几套
喝	好几瓶
唱	好几首

二、读读写写想想

去外滩看夜景	去商店买东西	去图书馆借书	去银行换钱
古典建筑	古典诗歌	古典音乐	古典小说
风格各异	雄伟壮观	尽收眼底	美不胜收
好几次	好几遍	好几套	好几年

三、用括号里的词语完成句子

1. 你想去什么地方，_____。（陪）

2. 听说 _____。（夜景）

3. 外滩的风景 _____。（完全）

4. 晚上在灯光下 _____。（更）

四、用括号里的词语完成对话

1. A：这两个星期你去了上海的哪些地方？（去了）

   B：_____

2. A：你还想去什么地方？（听说）

   B：_____

3. A：外滩的夜景怎么样？（非常）

   B：_____

4. A：黄浦江两岸的建筑有什么不一样？（古典、现代）

   B：_____

五、词语填空

1. 你还想去什么地方，我 _____ 你去。

2. 外滩的 _____ 非常漂亮。

3. 浦西的 _____ 建筑风格各异，浦东的 _____ 建筑雄伟壮观。

4. 我的朋友去了 _____ 几次呢。

六、模仿例句用划线词语造句

1. 你还想去什么地方，我陪你去。

2. 我还想去看一看外滩的夜景。

3. 浦西的古典建筑风格各异。

4. 我们先在浦西看浦东，然后再去浦东看浦西。

七、词语排序

1. 外滩 看 还 去 一 的 我 夜景 看 想
2. 夜景 听说 非常 的 漂亮 外滩
3. 了 在 下 建筑 更 这些 就 漂亮 灯光
4. 朋友 几 我 去 次 好 呢 的 了

八、看图说话

九、阅读或听力

这两个星期，金先生去了上海的很多地方。他去了上海博物馆、豫园、东方明珠、世纪公园，但还没看过外滩的夜景。听说外滩的夜景很漂亮，他的朋友去看了好几次，金先生也想去看一次。

十、成段表达

我看过白天的外滩，浦西的古典建筑风格各异，浦东的现代建筑雄伟壮观。听说在灯光下，这些建筑更漂亮。我很想去看一次外滩的夜景。

Shengci 生词

1. 打算	dǎsuan	intend; plan	つもり ...하려고 한다
2. 不是……吗?	búshì…ma?	isn't it	じゃないですか ...가 아닙니까?
3. 虽然	suīrán	although	がだけど 비록 ... 일지라도
4. 不过	búguò	but	けれど 그러나
5. 名胜古迹	míngshèng gǔjì	place of historic interest and scenic beauty	名所旧跡 명승고적
6. 一次	yí cì	once	一回 한번
7. 文物	wénwù	cultural relic	文化財 문물
8. 仔细	zǐxì	careful	注意深い 자세하다. 상세하다
9. 一遍	yí biàn	once	一回 한번
10. 软卧	ruǎnwò	soft-berth carriage	一等の寝台車 열차에서의 상등석(기차)
11. 历史	lìshǐ	history	歴史 역사
12. 事业	shìyè	career	事業 사업
13. 爱情	àiqíng	love between man and woman	愛情 애정
14. 财富	cáifù	wealth; fortune	富、財産 재산, 부
15. 流行	liúxíng	fashion; popular	流行 유행

第八课　我想去外滩看夜景

A: Xià ge xīngqī nǐ dǎsuan qù nǎr?
　下个星期你打算去哪儿？

B: Wǒ xiǎng qù Běijīng lǚyóu.
　我想去北京旅游。

A: Běijīng nǐ bú shì qùguo le ma?
　北京你不是去过了吗？

B: Suīrán qùguo yí cì, búguò wǒ juéde Běijīng tài piàoliang le,
　虽然去过一次，不过我觉得北京太漂亮了，
　míngshèng gǔjì nàme duō, suǒyǐ hái xiǎng zài qù yí cì.
　名胜古迹那么多，所以还想再去一次。

A: Nǐ juéde Běijīng nǎ ge dìfang zuì piàoliang ne?
　你觉得北京哪个地方最漂亮呢？

B: Dōu piàoliang. Chángchéng, Gùgōng, Yíhéyuán, Tiān'ānmén, wǒ
　都漂亮。长城、故宫、颐和园、天安门，我
　dōu xiǎng qù.
　都想去。

A: Gùgōng lǐ de wénwù tài duō le, kàn yí biàn bàntiān dōu bú gòu.
　故宫里的文物太多了，看一遍半天都不够。

B: Shì a, zhè cì wǒ xiǎng huā yìtiān shíjiān zǐzǐxìxì de kàn yí biàn.
　是啊，这次我想花一天时间仔仔细细地看一遍。

A: Nǐ dǎsuan zuò huǒchē qù háishi zuò fēijī qù?
　你打算坐火车去还是坐飞机去？

B: Zuò huǒchē qù, huǒchē ruǎnwò hěn shūfu. Wǎnshang jiǔ diǎn kāi chē,
　坐火车去，火车软卧很舒服。晚上9:00开车，
　dì-èr tiān shàngwǔ bā diǎn jiù dào le.
　第二天上午8:00就到了。

练习
Lian xi

一、替换练习

1. <u>北京</u>你不是<u>去</u>过了吗？

那本小说	看
那件衣服	买
那个药	吃
那件事	说

2. 我想再<u>去</u> <u>一次</u>。

吃	一次
念	一遍
等	一会儿
看	一次（一遍）

3. 虽然<u>去过一次</u>，但是我还想<u>再去一次</u>。

吃过一次	吃一次
看过一遍	看一遍
买过一件	买一件
有一本	买一本

4. <u>长城</u>、<u>故宫</u>、<u>颐和园</u>，我都想<u>去</u>。

广东菜	北京菜	四川菜	吃
语言	文化	历史	学
事业	爱情	财富	要
古典音乐	流行音乐		听

第八课　我想去外滩看夜景

二、读读写写想想

去一次	念一遍	等一下	看一次（一遍）
太多了	太冷了	太漂亮了	太高兴了
仔仔细细	漂漂亮亮	高高兴兴	舒舒服服
旅游	旅行	游览	参观

三、用括号里的词语完成句子

1. 下个星期你 _____？（打算）

2. 北京太漂亮了，_____。（再）

3. 这次我想 _____。（仔仔细细）

4. 你打算坐 _____？（还是）

四、用括号里的词语完成对话

1. A：下个星期你打算去哪儿？（旅游）

   B：_____

2. A：北京你不是去过了吗？（虽然）

   B：_____

3. A：你觉得北京哪个地方最漂亮？（都）

   B：_____

4. A：你打算坐火车去还是坐飞机去？（舒服）

   B：_____

五、词语填空

1. 北京的 _____ 很多。

2. _____ 去过一次，_____ 还想再去一次。

3. 看一遍半天 _____ 不够。

4. 我想花一天时间 _____ 地看一遍。

87

六、模仿例句用划线词语造句

1. 北京你<u>不是</u>去过了<u>吗</u>?

2. 我想再去<u>一次</u>北京。

3. 我想仔细地看<u>一遍</u>。

4. 他马上回来，请稍微等<u>一下</u>。

七、词语排序

1. 吗 过 你 了 不是 北京 去
2. 漂亮 觉得 我 太 北京 了
3. 仔仔细细 我 遍 想 地 一 看 这 次
4. 舒服 坐 去 软卧 火车 很 火车

八、看图说话

————————————————
————————————————
————————————————
————————————————
————————————————

九、阅读或听力

　　山本打算下个星期去北京旅游。虽然他已经去过一次了，但是他觉得北京太漂亮了，所以他还想再去一次。山本打算坐火车去，火车软卧很舒服。上火车睡一觉，11个小时就到了。

十、成段表达

　　下个星期我想再去北京旅游一次。北京的名胜古迹很多，都很漂亮。长城、故宫、颐和园、天安门我都想去。我打算坐火车去，晚上9:00开车，第二天上午8:00就到了。

Lǚyóu
旅游（二）

第 九 课
Yùyuán de xiǎochī míngbùxūchuán
豫园 的 小吃 名不虚传

9

课文一 Shengci 生词

1. 小吃	xiǎochī	snack	軽食 간식
2. 名不虚传	míngbùxūchuán	deserve the reputations one enjoys	名が実に恥じない 명실상부하다
3. 热闹	rènao	lively	賑やかである 번화하다
4. 一边……一边……	yìbiān…yìbiān…	at the same time	ながら 한편으로는…하고, 또 한편으로…하다
5. 各式各样	gèshì gèyàng	all kinds of	それぞれ 각양각색
6. 来往	láiwǎng	come and go	往来 오가다(왕래하다)
7. 名人	míngrén	celebrity	名人 유명인사
8. 大堂	dàtáng	hall	ホール 로비
9. 雄姿	xióngzī	majestic	雄大な姿 웅장한 자태
10. 繁华	fánhuá	prosperity	にぎやかできる 번화(하다)
11. 宵夜	xiāoyè	night snack	夜食 야식, 밤참
12. 笑	xiào	laugh; smile	笑う 웃다
13. 哭	kū	cry	泣く 울다

第九课　豫园的小吃名不虚传

课文 Kewen

A: Lái Shànghǎi yǐjīng liǎng ge xīngqī le, nǐ qùguo Yùyuán ma?
　　来　上海　已经　两个　星期了，你去过　豫园　吗？

B: Shàng ge xīngqī gēn péngyou qùguo yí cì.
　　上　个星期　跟　朋友　去过一次。

A: Duì nàr de yìnxiàng zěnmeyàng?
　　对那儿的　印象　怎么样？

B: Shāngdiàn hěn duō, rén yě hěn duō, hěn rènao.
　　商店　很多，人也很多，很热闹。

A: Nǐmen zài nàr chī xiǎochī le ma?
　　你们　在那儿吃小吃了吗？

B: Dāngrán chī le, Yùyuán de xiǎochī zhēn shì míngbùxūchuán.
　　当然　吃了，豫园的小吃　真是　名不虚传。

A: Nǐmen zài nǎ ge cāntīng chī de xiǎochī?
　　你们在哪个　餐厅　吃的小吃？

B: Zài Lǜbōláng Cāntīng, nàr de xiǎochī zhēn búcuò. Wǒmen zuò zài chuāngbiān, yìbiān chī gèshì gèyàng de xiǎo diǎnxin, yìbiān kàn wàimiàn láiwǎng de rénqún.
　　在　绿波廊　餐厅，那儿的小吃　真不错。我们　坐在　窗边，一边吃各式各样的小点心，一边看外面　来往　的人群。

A: Tīngshuō nà jiā cāntīng hěn duō míngrén dōu qù guo.
　　听说　那家餐厅　很多　名人　都去过。

B: Shì a, wǒmen zài cāntīng dàtáng hái kàndào tāmen de zhàopiàn ne.
　　是啊，我们在餐厅　大堂　还看到　他们的　照片呢。

一、替换练习

1. 来<u>上海</u>已经<u>两个星期</u>了。

| 三天 |
| 一个月 |
| 半年 |
| 好几天 |

2. <u>我们</u>吃<u>各式各样</u>的<u>点心</u>。

豫园商场	有	小商品
襄阳路市场	有	服装
那儿	有	旅游纪念品
他们	提	问题

3. <u>豫园的小吃</u>名不虚传。

| 外滩的夜景 |
| 东方明珠的雄姿 |
| 南京路的繁华 |
| 杭州西湖的美丽 |

4. 一边<u>吃点心</u>，一边<u>看窗外</u>。

吃饭	看电视
看报纸	听音乐
听录音	看课文
喝咖啡	聊天

第九课　豫园的小吃名不虚传

二、读读写写想想

已经两个星期了	已经三天了	已经一个月了	已经半年了
吃小吃	吃点心	吃宵夜	吃中国菜
吃的小吃	喝的咖啡	听的音乐	看的电影
一边吃一边看	一边唱一边跳	一边聊一边笑	一边哭一边说

三、用括号里的词语完成句子

1. 时间真快，来上海 ＿＿＿＿＿＿＿＿＿＿＿＿＿＿。（已经）

2. 豫园的 ＿＿＿＿＿＿＿＿＿＿＿＿＿＿＿＿＿。（名不虚传）

3. 我们坐在窗边，＿＿＿＿＿＿＿＿＿＿＿＿＿。（一边……一边……）

4. 听说那家餐厅 ＿＿＿＿＿＿＿＿＿＿＿＿＿。（名人）

四、用括号里的词语完成对话

1. A：你去过豫园了吗？（一次）

   B：＿＿＿＿＿＿＿＿＿＿＿＿＿＿＿＿＿＿＿

2. A：你对豫园的印象怎么样？（热闹）

   B：＿＿＿＿＿＿＿＿＿＿＿＿＿＿＿＿＿＿＿

3. A：你在豫园吃小吃了吗？（当然）

   B：＿＿＿＿＿＿＿＿＿＿＿＿＿＿＿＿＿＿＿

4. A：豫园的小吃怎么样？（名不虚传）

   B：＿＿＿＿＿＿＿＿＿＿＿＿＿＿＿＿＿＿＿

五、词语填空

1. 来上海 ＿＿＿＿ 两个星期 ＿＿＿＿。

2. 你们在哪个餐厅吃 ＿＿＿＿ 小吃？

3. 豫园的小吃真是 ＿＿＿＿。

4. 我们 ＿＿＿＿ 吃小吃，＿＿＿＿ 看窗外。

六、模仿例句用划线词语造句

1. 来上海<u>已经</u>两个星期了。

2. 豫园的小吃真是<u>名不虚传</u>。

3. 我们<u>一边</u>吃小吃，<u>一边</u>看窗外。

4. <u>听说</u>那家餐厅很多名人都去过。

七、词语排序

1. 星期　朋友　个　跟　上　去　一　次　过　豫园
2. 名不虚传　小吃　是　豫园　真　的
3. 餐厅　你们　个　在　吃　小吃　的　哪
4. 名人　家　听说　餐厅　那　都　多　很　过　去

八、看图说话

九、阅读或听力

　　杰克来上海已经两个星期了，上个星期他跟朋友去了一次豫园。豫园商店很多，人也很多，很热闹。他们在绿波廊餐厅吃了小吃，一边吃各式各样的小吃，一边看窗外的人群，很有意思。

十、成段表达

　　上个星期我跟朋友去了一次豫园。豫园商店很多，人也很多，很热闹。我们在一家餐厅吃了小吃，那些小吃味道很好。豫园的小吃真是名不虚传。

第九课　豫园的小吃名不虚传

Shengci 生词

1.	建成	jiànchéng	built	建てた / 완공되다
2.	私人	sīrén	private	私有の / 개인
3.	游	yóu	travel	遊覧 / 이리저리 다니다
4.	品	pǐn	sample; savour	味をきく / 음미하다
5.	茶楼	chálóu	teahouse	喫茶店 / 찻집
6.	观赏	guānshǎng	appreciate	観賞 / 감상하다
7.	老街	lǎojiē	old street	古い町 / 옛거리
8.	旗袍	qípáo	cheong-sam	チャイナドレス / 중국 전통의상
9.	扇子	shānzi	fan	せんす / 부채
10.	剪纸	jiǎnzhǐ	paper-cut	切り紙 / 종이 오리기 공예
11.	泥人	nírén	mud man	泥人形 / 진흙으로 빚은 사람
12.	脸谱	liǎnpǔ	type of facial make up	仮面 / 연극 배우들이 얼굴에 분장한 도안
13.	脏	zāng	dirty	汚い / 더럽다
14.	秘密	mìmì	secret	秘密 / 비밀
15.	人山人海	rénshān-rénhǎi	huge crowd of people	黒山のような人だかり / 인산인해

课文 Kewen

A：听说豫园有将近400年的历史了？

B：是的，它是1559年建成的。以前它是一座私人花园。

A：它外面的那些商店也有那么长的历史吗？

B：不，那些商店是后来建的。都卖一些有中国特色的小商品。

A：豫园的游客真多啊。

B：人们在那儿可以游豫园，逛商店，尝小吃，品香茶。

A：对，那个茶楼也很有特色。

B：人们坐在那儿可以一边品茶，一边观赏湖边的风景。

A：去豫园还能看什么？

B：豫园旁边的那条上海老街也很有特色。

第九课　豫园的小吃名不虚传

一、替换练习

1. 我想买一件 旗袍。

把	扇子
套	剪纸
盒	泥人
套	脸谱

2. 以前它是一座私人花园。

那儿是一条很小的马路
这儿是一片农田
这条河里的水很脏
我汉语一点儿也不会说

3. 那个茶楼很有特色。

豫园的建筑
豫园的小吃
那儿卖的小商品
中国的旗袍

4. 人们可以一边品茶，
　　一边观赏湖边的风景。

唱歌	跳舞
喝咖啡	聊天
听音乐	看杂志
吃饭	看表演

97

二、读读写写想想

私人花园	私人公司	私人汽车	私人秘密
游豫园	逛商店	尝小吃	品香茶
旗袍	脸谱	扇子	剪纸	泥人
一边品茶一边观赏	一边唱歌一边跳舞	一边喝咖啡一边聊天

三、用括号里的词语完成句子

1. 听说豫园 _____。（历史）

2. 人们在豫园可以 _____。（游、逛、尝、品）

3. 人们坐在茶楼 _____。（一边……一边……）

4. 那条上海老街 _____。（特色）

四、用括号里的词语完成对话

1. A：豫园有多少年的历史了？（建成）
   B：_____

2. A：豫园的小商品商店卖什么？（特色）
   B：_____

3. A：人们在豫园可以做什么？（游、逛、尝、品）
   B：_____

4. A：为什么那个茶楼客人很多？（一边……一边……）
   B：_____

五、词语填空

1. 听说豫园 _____ 400多年的 _____ 了。

2. 那些商店卖有中国 _____ 的小商品。

3. 人们在豫园可以 _____ 豫园、_____ 商店、_____ 小吃、_____ 香茶。

4. 人们在茶楼可以 _____ 品茶，_____ 观赏湖边的景色。

第九课　豫园的小吃名不虚传

六、模仿例句用划线词语造句

1. <u>听说</u>豫园有400多年的历史了?

2. 以前豫园是一座<u>私人</u>花园。

3. 人们<u>一边</u>品茶,<u>一边</u>观赏湖边的景色。

4. 那条上海老街很有<u>特色</u>。

七、词语排序

1. 豫园　400　年　多　近　的　历史　听说　了　有

2. 可以　人们　豫园　那儿　商店　香茶　游　逛　尝　品　在　小吃

3. 风景　可以　人们　品茶　一边　湖边　观赏　的　一边

4. 上海　条　豫园　那　的　老街　有　旁边　也　特色　很

八、看图说话

_____
_____
_____
_____
_____
_____

九、阅读或听力

　　上海的豫园很有名,它有400多年的历史了。在豫园,每天人山人海,人们在那儿可以游豫园、逛商店、尝小吃、品香茶。商店里卖的小商品都很有特色,豫园的风景也很漂亮。

十、成段表达

　　上海的豫园很有名,每天人山人海。花园很漂亮,商店里卖的小商品都很有特色。在那儿可以买到中国的旗袍、扇子、脸谱、剪纸、泥人等。

Jiātíng
家庭

第十课

Jiāli zuì máng de rén shì shuí?
家里最忙的人是谁?

10

第十课　家里最忙的人是谁？

Shengci 生词

1.	全家福	quánjiāfú	family photo	一家そろフて写した 가족사진
2.	着	-zhe	-ing	ている、てある ... 하고 있는
3.	看上去	kàn shàngqu	it looks; it seems	そうだ、見たところ ... 해 보인다
4.	怎么会	zěnme huì	How can it be...?	どうして 어떻게 그럴 수 있나요?
5.	一方面…… 另一方面 ……	yì fāngmiàn… lìng yì fāngmiàn …	on one hand...on the other hand...	一方では ... もう一方では 한편으로 ... 하면서, 또 한편 으로 ... 하다
6.	补习	bǔxí	remediation	補習 보충 학습하다
7.	一点儿…… 也……	yì diǎnr… yě…	not a bit of it	少しもない 조금의 ... 도
8.	升学	shēng xué	enter a school of the higher level	進学 진학(하다)
9.	竞争	jìngzhēng	compete; competition	競争 경쟁(하다)
10.	激烈	jīliè	fierce; intense	激しい 치열하다
11.	中考	zhōngkǎo	high school-entrance examination	高校の入学試験 고등학교 입학시험
12.	高考	gāokǎo	college-entrance examination	大学の入学試験 대학 입학시험
13.	压力	yālì	pressure	圧力、プレッシャー 억압감(스트레스)
14.	初中	chūzhōng	junior middle school	中学校 중학교
15.	高中	gāozhōng	senior middle school; high school	高校 고등학교

101

课文 Kewen

A: Xiǎo Lǐ, zhè shì nǐmen jiā de quánjiāfú ba?
小李，这是你们家的全家福吧？

B: Duì, hòumian zhànzhe de shì wǒ érzi, wǒ tàitai hé wǒ. Qiánmian zuòzhe de shì wǒ fùqīn hé mǔqīn.
对，后面站着的是我儿子，我太太和我。前面坐着的是我父亲和母亲。

A: Nǐmen yìjiā rén kànshàngqu zhēn xìngfú a! Jiāli zuì máng de shì shuí ne?
你们一家人看上去真幸福啊！家里最忙的是谁呢？

B: Dāngrán shì wǒ érzi, xiànzài de háizi hěn xīnkǔ.
当然是我儿子，现在的孩子很辛苦。

A: Zěnme huì shì nǐ de érzi zuì xīnkǔ ne?
怎么会是你的儿子最辛苦呢？

B: Yì fāngmiàn báitiān zài xuéxiào shàng kè, lìng yì fāngmiàn wǎnshang háiyào qù bǔxí bān bǔxí.
一方面白天在学校上课，另一方面晚上还要去补习班补习。

A: Yìdiǎnr wán de shíjiān yě méiyǒu ma?
一点儿玩的时间也没有吗？

B: Dāngrán méiyǒu, shēng xué jìngzhēng hěn jīliè a. Rénrén dōu xiǎng jìn hǎo xuéxiào.
当然没有，升学竞争很激烈啊。人人都想进好学校。

A: Shēng xué kǎoshì zài jǐ yuè?
升学考试在几月？

B: Zhōngkǎo, gāokǎo dōu zài liù yuè. Nà shíhou yǒu háizi kǎoshì de jiātíng dōu hěn jǐnzhāng.
中考，高考都在六月。那时候有孩子考试的家庭都很紧张。

A: Nà háizi de yālì yě tài dà le. Xiànzài de háizi zhēn xīnkǔ.
那孩子的压力也太大了。现在的孩子真辛苦。

第十课　家里最忙的人是谁？

一、替换练习

1. <u>后面</u> <u>站</u>着的是<u>我儿子</u>。

前面	坐	我父母
上面	放	中文书
瓶里	装	酒
外面	等	他朋友

2. <u>你们一家人</u>看上去<u>很幸福</u>。

今天	要下雨
金小姐	不高兴
这个菜	很好吃
这位老师	很亲切

3. 怎么会是<u>你儿子最辛苦</u>呢？

| 不知道 |
| 只有一个人 |
| 卖完了 |
| 跟他结婚 |

4. 一方面<u>白天要在学校上课</u>，另一方面<u>晚上还要去补习班补习</u>。

白天要工作	晚上还要学习
要学习汉语	还要学习专业
要准备行李	还要准备考试
要做家务	还要照顾孩子

二、读读写写想想

全家福	结婚照	风景照	报名照
看上去	听上去	吃上去	摸上去
升学竞争	就业竞争	工作竞争	学习竞争
人人	天天	家家	个个

三、用括号里的词语完成句子

1. 你们一家人 _____。（看上去）

2. 一方面白天要在学校上课，_____。（另一方面）

3. 升学竞争很激烈，_____。（人人）

4. 现在孩子的 _____。（压力）

四、用括号里的词语完成对话

1. A：小李，你家有几个人？（有）

   B：_____

2. A：家里最忙的人是谁呢？（当然）

   B：_____

3. A：为什么孩子最辛苦？（竞争）

   B：_____

4. A：在六月，有孩子中考、高考的家庭怎么样？（紧张）

   B：_____

五、词语填空

1. 你们一家人 _____ 很幸福。

2. 前面坐 _____ 的是我父亲和母亲。

3. 一方面白天要在学校上课，_____ 晚上还要去补习班补习。

4. 升学 _____ 很激烈。

六、模仿例句用划线词语造句

1. 后面站<u>着</u>的是我儿子、我太太和我。

2. 你们一家人<u>看上去</u>很幸福啊。

3. <u>一方面</u>白天要在学校上课，<u>另一方面</u>晚上还要去补习班补习。

4. <u>一点儿</u>玩的时间<u>也</u>没有。

七、词语排序

1. 全家福　是　吧　家的　这　你们
2. 幸福　你们　上去　人　看　真　啊　一　家
3. 家庭　有　那　孩子　的　考试　都　紧张　时候　很
4. 孩子　现在　很　的　辛苦

八、看图说话

九、阅读或听力

　　小李家有五个人：爸爸、妈妈、妻子、儿子和小李。他的儿子今年是初中三年级，明年要考高中。一方面白天要在学校上课，另一方面晚上还要去补习班补习。所以在小李家，他的儿子最辛苦。

十、成段表达

　　小李的儿子是初中三年级的学生。因为中考竞争很激烈，所以他每天白天去学校上课，晚上还要去补习班补习。现在的孩子真辛苦。

Shēngcí 生词

1.	丈夫	zhàngfu	husband	夫 / 남편
2.	妻子	qīzi	wife	妻 / 아내
3.	家务	jiāwù	housework	家事 / 가사일
4.	全职太太	quánzhí tàitai	housewife	主婦 / 전업주부
5.	夫妻	fūqī	husband and wife	夫妻 / 부부
6.	双方	shuāngfāng	both sides	両方 / 양측
7.	可以说	kěyǐ shuō	can say	言える / …라고 말할 수 있다
8.	地位	dìwèi	position; status	地位 / 지위
9.	买洗烧	mǎi-xǐ-shāo	buy, wash and cook	買い物・洗物・料理をする / 사고, 씻고, 요리하다
10.	模范	mófàn	exemplar; model	模範である / 모범
11.	减轻	jiǎnqīng	ease	軽くする / 경감…하다 / 시키다
12.	负担	fùdān	burden; burthen	負担 / 부담…하다
13.	增进	zēngjìn	enhance; improve	増進 / 증진…하다 / 시키다
14.	感情	gǎnqíng	feeling; emotion	感情 / 감정 / 기분

第十课 家里最忙的人是谁？

课文 Kewen

A: Zài Zhōngguó de jiātíng lǐ, zhàngfu zuò jiāwù ma?
在中国的家庭里，丈夫做家务吗？

B: Dāngrán zuò. Yǒude jiātíng zhàngfu zuò de bǐ qīzi hái duō ne.
当然做。有的家庭丈夫做得比妻子还多呢。

A: Shì ma? Wèi shénme ne?
是吗？为什么呢？

B: Yīnwèi zài Zhōngguó de jiātíng, hěn shǎo yǒu quánzhí tàitai. Zhàngfu, qīzi dōu gōngzuò.
因为在中国的家庭，很少有全职太太。丈夫、妻子都工作。

A: Zài wǒmen guójiā, fūqī shuāngfāng dōu gōngzuò, yě shì qīzi zuò jiāwù a.
在我们国家，夫妻双方都工作，也是妻子做家务啊。

B: Nà kěyǐ shuō, zài Zhōngguó de jiātíng lǐ, qīzi de dìwèi bǐjiào gāo ba.
那可以说，在中国的家庭里，妻子的地位比较高吧。

A: Zhàngfu zài jiālǐ zuò shénme jiāwù ne?
丈夫在家里做什么家务呢？

B: Mǎi-xǐ-shāo, shénme dōu néng zuò.
买、洗、烧，什么都能做。

A: Shénme shì "mǎi-xǐ-shāo." a?
什么是"买、洗、烧"啊？

B: "Mǎi" jiù shì mǎi cài、mǎi rìyòngpǐn, "xǐ" jiù shì xǐ cài, xǐ wǎn, xǐ yīfu, "shāo" jiù shì zuò fàn zuò cài.
"买"就是买菜、买日用品，洗就是洗菜、洗碗、洗衣服，烧就是做饭做菜。

A: Zhōngguó de zhàngfu zhēnshì mófàn zhàngfu a.
中国的丈夫真是模范丈夫啊。

一、替换练习

1. <u>丈夫</u> <u>做</u>得比<u>妻子</u>还<u>多</u>。

这家商店	卖	市场	便宜
山本	说	小王	流利
小李	走	老奶奶	慢
这孩子	吃	他爸爸	多

2. 那可以说，<u>在中国的家庭，妻子的地位比较高</u>吧。

- 中国的孩子学习压力很大
- 他们俩的关系并不好
- 这是我看过的最好的电影
- 这个价格并不便宜

3. <u>买、洗、烧</u>，什么都<u>能</u>做。

听、说、读、写	会
唱歌、跳舞	喜欢
喝茶、喝咖啡	可以
文化、历史、艺术	想学

4. <u>妻子的地位</u>比较<u>高</u>。

这个城市的发展	快
他说的汉语	好
孩子的压力	大
这个餐厅的价格	贵

二、读读写写想想

丈夫	妻子	先生	太太	老公	老婆
全职太太	职业妇女	模范丈夫	模范妻子
什么都能做	什么都会唱	什么都想干	什么都不懂
地位比较高	价格比较贵	气温比较低	听力比较难

三、用括号里的词语完成句子

1. 中国的家庭里，_____。（家务）

2. 在中国的家庭里，_____。（地位）

3. 买、洗、烧，_____。（什么）

4. 她的丈夫 _____。（模范）

四、用括号里的词语完成对话

1. A：在中国的家庭里，丈夫做家务吗？（比）
   B：_____

2. A：为什么丈夫也做家务？（双方）
   B：_____

3. A：在中国的家庭里，妻子的地位怎么样？（可以说）
   B：_____

4. A：什么是"买、洗、烧"？（就是）
   B：_____

五、词语填空

1. 在中国的家庭里，丈夫也 _____ 家务。

2. 现在一般的家庭，夫妻双方 _____ 工作。

3. 在中国的家庭里，妻子的 _____ 比较高。

4. 她的丈夫真是个 _____ 丈夫啊。

六、模仿例句用划线词语造句

1. 丈夫做得比妻子还多呢。
2. 买、洗、烧，什么都能做。
3. 一般的家庭，夫妻双方都工作。
4. 那可以说，在中国的家庭里，妻子的地位比较高吧。

七、词语排序

1. 丈夫　得　家庭　妻子　呢　做　多　还　有的　比
2. 中国　太太　在　的　有　少　家庭　全职　很
3. 家庭　妻子　在　的　里　比较　地位　吧　的　中国　高
4. 丈夫　真是　中国　啊　丈夫　的　模范

八、看图说话

_____
_____
_____
_____
_____
_____

九、阅读或听力

在中国的家庭里，夫妻双方一起做家务的比较多。这一方面是因为中国很少有全职太太，另一方面也说明中国家庭里，妻子的地位比较高。人们一般把在家中买、洗、烧各方面家务做得比较多的丈夫称为模范丈夫。

十、成段表达

听说在中国的家庭里，丈夫一般都和妻子一起做家务。买菜、做饭、洗衣服，什么都能做。我觉得这样很好。一方面减轻了妻子的负担，另一方面也增进了夫妻双方的感情。

Àihào
爱好

第十一课
Wǒ zuì xǐhuan dǎ wǎngqiú
我最喜欢打网球

Shengci 生词

1. 网球	wǎngqiú	tennis ball	テニス / 테니스
2. 乒乓球	pīngpāngqiú	ping-pong	卓球 / 탁구
3. 游泳	yóu yǒng	swim; swimming	泳ぐ、水泳 / 수영하다
4. 几乎	jīhū	almost; nearly	大抵、ほとんど / 거의
5. 消除	xiāochú	get rid of; eliminate	除去する / 제거하다
6. 偶尔	ǒu'ěr	sometimes; occasionally	たまに / 가끔
7. 轻松	qīngsōng	relaxed	気楽である / (마음이)홀가분하다
8. 自由	zìyóu	free	自由である / 자유롭다
9. 中心	zhōngxīn	center	センター / 센터, 중심
10. 运动量	yùndòngliàng	sport quantity	運動量 / 운동량
11. 有助于	yǒu zhùyú	be good to; be helpful to	に寄与する、に役立つ / …에 도움이 되다
12. 在于	zàiyú	lie in	できまる、によって決まる / …에 달려있다
13. 嘛	ma	modal particle	ね / …이 아닌다
14. 疲劳	píláo	tired	疲れる / 피로
15. 误会	wùhuì	misunderstand	誤解 / 오해(하다)

第十一课 我最喜欢打网球

课文 Kewen

A: Xiǎo Zhāng, nǐ xǐhuan dǎ pīngpāngqiú háishi xǐhuan yóuyǒng?
小张，你喜欢打乒乓球还是喜欢游泳？

B: Wǒ xǐhuan yóuyǒng, jīhū tiāntiān yào yóu yí ge xiǎoshí.
我喜欢游泳，几乎天天要游一个小时。

A: Wèishénme xǐhuan yóuyǒng ne?
为什么喜欢游泳呢？

B: Yīnwèi yóuyǒng néng ràng wǒ xiāochú yì tiān de gōngzuò yālì.
因为游泳能让我消除一天的工作压力。

A: Nǐ ne? Xǐhuan shénme yùndòng?
你呢？喜欢什么运动？

A: Wǒ ǒu'ěr yě qù yùndòng zhōngxīn yóuyǒng, yīnwèi zài shuǐ lǐ wǒ
我偶尔也去运动中心游泳，因为在水里我

gǎndào hěn qīngsōng zìyóu, dàn wǒ zuì xǐhuan de shì dǎ wǎngqiú.
感到很轻松自由，但我最喜欢的是打网球。

B: Yí ge xīngqī dǎ jǐ cì?
一个星期打几次？

A: Yí ge xīngqī dǎ yí cì, měi gè zhōumò qù wǎngqiú zhōngxīn dǎ bàntiān.
一个星期打一次，每个周末去网球中心打半天。

B: Nà yě búcuò, yùndòngliàng yě gòu dà de le.
那也不错，运动量也够大的了。

A: Wǒmen shì yīnggāi jīngcháng yùndòng, yùndòng yǒu zhùyú shēntǐ
我们是应该经常运动，运动有助于身体

jiànkāng.
健康。

B: Duì, shēngmìng zàiyú yùndòng ma.
对，生命在于运动嘛。

一、替换练习

1. 几乎天天要游 一个小时（泳）。

学习	两个小时	汉语
喝	一瓶	啤酒
上	五六个小时	网
打	十几个	电话

2. 消除工作压力。

身体疲劳
心理痛苦
精神压力
两人之间的误会

3. 偶尔去运动中心游泳。

去网球中心打网球
去图书馆看书
去商店买东西
去电影院看电影

4. 我们是应该经常运动。

我们	应该多听多说
我们	应该认真学习
他	没来开会
这个电影	好看

第十一课　我最喜欢打网球

二、读读写写想想

乒乓球	网球	足球	游泳
消除压力	消除疲劳	消除痛苦	消除误会
偶尔	有时候	经常	天天

是应该经常运动　　是应该多听多说　　他是没来　　这个电影是好看

三、用括号里的词语完成句子

1. 我最喜欢游泳，_____。（几乎）

2. 游泳能 _____。（消除）

3. 我最 _____。（喜欢）

4. 运动 _____。（有助于）

四、用括号里的词语完成对话

1. A：你最喜欢什么运动？（喜欢）

　 B：_____

2. A：你最喜欢看什么运动？（最）

　 B：_____

3. A：运动能让你怎么样？（消除）

　 B：_____

4. A：为什么应该经常运动？（有助于）

　 B：_____

五、词语填空

1. 我喜欢游泳，_____天天要游一个小时。

2. 运动能让我 _____一天的工作压力。

3. 我们 _____应该经常运动。

4. 生命 _____运动。

六、模仿例句用划线词语造句

1. 我<u>喜欢</u>打网球。
2. 我<u>偶尔</u>也去游泳。
3. 运动<u>有助于</u>身体健康。
4. 生命在于运动<u>嘛</u>。

七、词语排序

1. 打 喜欢 游泳 喜欢 还是 乒乓球 你
2. 我 游泳 让 的 一天 能 压力 工作 消除
3. 半天 去 周末 中心 网球 每个 打
4. 运动 我们 应该 是 经常

八、看图说话

九、阅读或听力

　　小张喜欢游泳，几乎天天要游一个小时，他觉得游泳能消除工作压力。小李喜欢打网球，一个星期打一次，每个周末去网球中心打半天。他们都觉得应该经常运动，运动有助于身体健康。

十、成段表达

　　我的爱好是打网球，一个星期打一次。网球的运动量很大，每次都打得浑身是汗。我觉得运动能消除工作压力，有助于身体健康。

116

第十一课　我最喜欢打网球

Shengci 生词

1.	休闲	xiūxián	relaxation; entertainment	休む 한가하게 지내다
2.	方式	fāngshì	style; way	方式 방식
3.	不一定	bù yídìng	not always	とは限らない 반드시 ... 인 것은 아니다
4.	满足	mǎnzú	satisfied; content	満足 만족하다
5.	至少	zhìshǎo	at least	少なくとも 적어도 / 최소한
6.	得	děi	need	要する、いる ... 해야 한다
7.	货比三家	huò bǐ sān jiā	comparison with different offers	色んな店を比較してから買う 세 집 정도는 비교해보고 물건을 사다
8.	使	shǐ	make	に(を)させる ... 로 하여금 ... 하게 하다
9.	精神	jīngshén	mind	精神 정신
10.	放松	fàngsōng	relax	ゆるめる楽にする 늦추다 / 풀어주다
11.	一言为定	yì yǎn wéi dìng	OK; That's settled then.	一度約束したことを破らない (말) 한 마디로정하다
12.	背	bèi	recite	暗誦する 암송하다
13.	记住	jìzhù	remember; bear in mind	しっかり覚える 명심하다
14.	心满意足	xīnmǎn-yìzú	feel perfectly satisfied with	すっかり満足する 매우 만족해 하다

课文 Kewen

A: Jīn xiǎojiě, nǐ zuì xǐhuan de xiūxián fāngshì shì shénme?
金小姐，你最喜欢的休闲方式是什么？

B: Wǒ zuì xǐhuan de xiūxián fāngshì shì guàng shāngdiàn.
我最喜欢的休闲方式是逛商店。

A: Yǒu nàme duō yào mǎi de dōngxi ma?
有那么多要买的东西吗？

B: Bù yídìng měi cì dōu mǎi, yǒushí zhǐshì kànkan yě hěn mǎnzú.
不一定每次都买，有时只是看看也很满足。

Lǐ xiānsheng, nǐ ne?
李先生，你呢？

A: Wǒ zuì bù xǐhuan guàng shāngdiàn, měi cì dōushì xiān xiǎnghǎo
我最不喜欢逛商店，每次都是先想好

yào mǎi de dōngxi, dào shāngdiàn mǎile jiù zǒu.
要买的东西，到商店买了就走。

B: Nà zěnme xíng a, zhìshǎo děi huòbǐsānjiā ba.
那怎么行啊，至少得货比三家吧。

A: Wǒ yí jìn shāngdiàn jiù tóuténg, nǎli hái néng huòbǐsānjiā a.
我一进商店就头疼，哪里还能货比三家啊。

B: Nà nǐ zuì xǐhuan de xiūxián fāngshì shì shénme ne?
那你最喜欢的休闲方式是什么呢？

A: Wǒ zuì xǐhuan qù kǎlā OK chàng gē, wǒ juéde chàng gē zuì néng
我最喜欢去卡拉OK唱歌，我觉得唱歌最能

shǐ rén jīngshén fàngsōng.
使人精神放松。

B: Nà zhège zhōumò wǒmen yìqǐ qù chàng gē ba.
那这个周末我们一起去唱歌吧。

A: Hǎo, yìyánwéidìng.
好，一言为定。

第十一课　我最喜欢打网球

练习 Lian xi

一、替换练习

1. 不一定<u>每次</u>都<u>买</u>。

每天	喝
每个人	喜欢
每课课文	背
每个生词	记住

2. 我最不喜欢<u>逛商店</u>。

运动
喝酒
跳舞
背课文

3. 至少得<u>货比三家</u>吧。

念出来
喝一杯
买一本
写一遍

4. <u>唱歌</u>能使人精神放松。

运动
喝酒
聊天
看电视

119

二、读读写写想想

逛商店	逛马路	逛公园	逛服装市场
只是看看	只是听听	只是聊聊	只是说说
使人放松	使我高兴	令人难过	叫人心痛
货比三家	一言为定	轻松自由	心满意足

三、用括号里的词语完成句子

1. 你最喜欢的 _____？（休闲）
2. 我最喜欢 _____。（逛）
3. 买东西至少 _____。（得）
4. 我觉得唱歌能 _____。（使）

四、用括号里的词语完成对话

1. A：你最喜欢的休闲方式是什么？（喜欢）
   B：_____

2. A：每次去商店都要买东西吗？（不一定）
   B：_____

3. A：你买东西的时候经常怎么做？（货比三家）
   B：_____

4. A：唱卡拉OK能使人怎么样？（精神）
   B：_____

五、词语填空

1. 我最喜欢的 _____ 方式是 _____ 商店。
2. 买东西的时候应该货比 _____。
3. 我 _____ 进商店 _____ 头疼。
4. 唱歌能 _____ 人精神放松。

第十一课　我最喜欢打网球

六、模仿例句用划线词语造句
1. 买东西至少得货比三家。
2. 有时候只是看看也很满足呢。
3. 我一进商店就头疼。
4. 唱歌能使人精神放松。

七、词语排序
1. 最　的　方式　休闲　喜欢　我　是　商店　逛
2. 满足　有时　也　看看　很　只是
3. 觉得　唱歌　我　最　放松　能　人　精神　使
4. 唱　歌　这个　一起　我们　周末　吧　去

八、看图说话

九、阅读或听力
　　金小姐最喜欢逛商店，她觉得在商店看看逛逛也很满足。李先生最不喜欢逛商店，他一进商店就头疼。李先生最喜欢去卡拉OK唱歌，他觉得唱歌能使人精神放松。

十、成段表达
　　我最喜欢逛商店，在商店里看看逛逛很有意思。我朋友李先生最不喜欢逛商店，他一进商店就头疼。他最喜欢唱歌，这个周末我们一起去唱卡拉OK。

121

Kàn biǎoyǎn
看 表演

第十二课

Jīngjù nǐ kàn de dǒng ma?
京剧你看得懂吗?

第十二课 京剧你看得懂吗？

Shengci 生词

1. 表演	biǎoyǎn	act; performance	出演 공연
2. 京剧	jīngjù	Beijing opera	京劇 경극 (중국 전통 오페라)
3. 看得懂	kān de dǒng	understand by watching	見て分かる 이해하다
4. 看不懂	kān bu dǒng	can not understand by watching	見て分からない 이해하지 못하다
5. 大概	dàgài	general	だいたい 대개
6. 意思	yìsi	meaning	意味 의미, 뜻
7. 听得懂	tīng de dǒng	understand by listening	聞いて分かる 알아 듣다
8. 听不懂	tīng bu dǒng	can not understand by listening	聞いて分からない 알아 듣지 못하다
9. 念白	niànbái	spoken parts of a Chinese opera	せりふ 대사(연극)
10. 舞台	wǔtái	stage	舞台 무대
11. 字幕	zìmù	caption	字幕 자막
12. 精彩	jīngcǎi	wonderful	すばらしい 훌륭하다 / 멋지다
13. 传统	chuántǒng	traditional	伝統 전통
14. 国粹	guócuì	the quintessence of a country	国粋、国宝 (나라의) 정수, 진수, 화신
15. 说实话	shuō shíhuà	to tell the truth	実は 사실대로 말해서

课文 Kewen

A: Zuótiān wǎnshang de jīngjù nǐ kàn de dǒng ma?
　　昨天　晚上　的京剧你看得　懂　吗?

B: Dàgài de yìsi kàn de dǒng, dànshì tīng bu dǒng.
　　大概 的意思 看 得　懂，但是 听 不　懂。

A: Jīngjù de niànbái bú shì pǔtōnghuà, suǒyǐ hěn nán tīngdǒng.
　　京剧 的 念白 不是　普通话，所以 很　难　听懂。

B: Búguò wǔtái liǎngbiān de zìmù néng kàn dǒng.
　　不过 舞台 两边　 的字幕　能 看　懂。

A: Yǎnyuán de biǎoyǎn zěnmeyàng?
　　演员　的表演　怎么样?

B: Fēicháng jīngcǎi, dòngzuò piàoliang, fúzhuāng yě piàoliang.
　　非常　 精彩，动作　 漂亮，　服装　也　漂亮。

A: Jīngjù shì Zhōngguó de chuántǒng wénhuà, shì Zhōngguó de guócuì.
　　京剧 是　中国　的　传统　文化，是　中国　的 国粹。

B: Zhōngguó de niánqīng rén xǐhuan kàn jīngjù ma?
　　中国　　的 年轻　人 喜欢 看 京剧 吗?

A: Shuō shíhuà, xǐhuan de rén bú tài duō.
　　说　实话，喜欢 的 人 不 太 多。

B: Gēn wǒmen guójiā yíyàng, niánqīng rén dōu xǐhuan liúxíng yīnyuè.
　　跟　我们　国家　一样，年轻　人 都 喜欢　流行　音乐。

124

第十二课　京剧你看得懂吗？

Lian xi

一、替换练习

1. 京剧你看得懂吗？

前面的字	看	见
音乐会的票	买	到
耳机里的声音	听	清楚
今天的练习	做	完

2. 京剧我看不懂。

前面的字	看	见
音乐会的票	买	到
耳机里的声音	听	清楚
今天的练习	做	完

3. 他的话很难听懂。

他的字	看清楚
那种舞	学会
音乐会的票	买到
那件衣服	洗干净

4. 说实话，喜欢的人不多。

我不太喜欢
这件衣服不太漂亮
我准备得不太好
我不想去

二、读读写写想想

看得懂	买得到	听得清楚	做得完
看不懂	买不到	听不清楚	做不完
很难看懂	很难买到	很难听清楚	很难做完
传统文化	古典戏剧	流行音乐	现代艺术

三、用括号里的词语完成句子

1. 中国的京剧 _____。（……得懂）

2. 大概的意思 _____。（能）

3. 京剧是 _____。（传统）

4. 演员的表演 _____。（精彩）

四、用括号里的词语完成对话

1. A：京剧你看得懂吗？（……得懂）

    B：_____

2. A：为什么京剧很难听懂？（不是）

    B：_____

3. A：京剧演员的表演怎么样？（精彩）

    B：_____

4. A：中国的年轻人喜欢京剧吗？（听说）

    B：_____

五、词语填空

1. 他说得很清楚，我听 _____ 懂。

2. 他说得不清楚，我听 _____ 懂。

3. 他的普通话不太标准，很难 _____。

4. 说 _____，我不太喜欢京剧。

六、模仿例句用划线词语造句

1. 京剧你看得懂吗？

2. 京剧我看不懂。

3. 京剧的念白不是普通话，很难听懂。

4. 说实话，喜欢的人不太多。

七、词语排序

1. 京剧　晚上　你　的　懂　得　吗　昨天　看
2. 懂　字幕　看　两边　能　的　舞台
3. 精彩　的　演员　非常　表演
4. 都　音乐　年轻人　流行　喜欢

八、看图说话

_____
_____
_____
_____
_____
_____

九、阅读或听力

　　京剧是中国的传统文化，是中国的国粹。演员的表演非常精彩，动作漂亮，服装漂亮，演员也漂亮。不过，演员说的不是普通话，所以，很多外国人看的时候大概的意思看得懂，演员说的话听不懂。

十、成段表达

　　昨天晚上我去看京剧了，演员的表演非常精彩。动作漂亮，服装漂亮，演员也漂亮。虽然演员说的话听不懂，但是大概的意思能看懂。

Shengci 生词

1.	借	jiè	borrow	借りる / 빌리다
2.	累	lèi	tired	疲れる / 피곤하다
3.	再说	zàishuō	talk about sth. later	してからにする / 다음에 얘기하다
4.	看不到	kàn bu dào	can not see	見えない / 볼 수 없게 된다
5.	还	huán	return	返す / 돌려주다
6.	实在	shízài	really	ほんとうに / 사실상 / 제발
7.	躺	tǎng	lie	横になる / 드러눕다
8.	放不下	fàng bu xià	unable to hold	置けない / 내려 놓을 수 없다
9.	放得下	fàng de xià	be able to hold	置ける / 내려 놓을 수 있다
10.	装	zhuāng	put	入れる / 설치하다
11.	泡	pào	pour boiling water on	わかす / (커피를)타 주다
12.	同屋	tóngwū	roommate	ルームメイト / 룸메이트
13.	一直	yìzhí	always	ずっと / 줄곧, 계속해서

第十二课 京剧你看得懂吗？

课文 Kewen

A：Wǒ jièláile jīngjù de DVD, wǒmen yìqǐ kàn, hǎo ma?
我 借来了京剧 的 DVD，我们 一起 看，好 吗？

B：Wǒ jīntiān tài lèi le, míngtiān zàishuō ba.
我 今天 太 累 了，明天 再说 吧。

A：Míngtiān nǐ jiù kàn bu dào le, wǒ yào huángěi péngyou le.
明天 你 就 看 不 到 了，我 要 还给 朋友 了。

B：Nà zěnmebàn?
那 怎么办？

A：Jīntiān nǐ zěnme zhème lèi?
今天 你 怎么 这么 累？

B：Wǒ dǎle sān ge xiǎoshí wǎngqiú, dào zuìhòu, shízài dǎ bu dòng
我 打了 三 个 小时 网球，到 最后，实在 打 不 动
le cái huílai.
了 才 回来。

A：Wǒmen bǎ diànshìjī fàngzài chuángqián de xiǎo zhuōzi shàng,
我们 把 电视机 放在 床前 的 小 桌子 上，
nǐ tǎngzhe kàn, hǎo ma?
你 躺着 看，好 吗？

B：Nà zhāng zhuōzi diànshìjī fàng bu xià ba?
那 张 桌子 电视机 放 不 下 吧？

A：Méi wèntí, fàng de xià. Wǒ zài gěi nǐ pāo bēi kāfēi.
没 问题，放 得 下。我 再 给 你 泡 杯 咖啡。

B：Hǎo de, xièxie.
好 的，谢谢。

129

一、替换练习

　　1. <u>这张桌子</u> <u>放</u>得下吗？

这张纸	写
这些菜	吃
这瓶啤酒	喝
这个包	装

　　2. <u>这张桌子</u>太小，<u>放</u>不下。

这张纸太小	写
这些菜太多	吃
这瓶啤酒太多	喝
这个包太小	装

二、读读写写想想

放得下	放不下	吃得下	吃不下	装得下	装不下
明天再说	下次再说		明年再说		以后再说
泡咖啡	泡茶		借DVD		还书

第十二课　京剧你看得懂吗？

三、用括号里的词语完成句子

1. 我打了三个小时网球，到最后，_____。（……不动）

2. 这张桌子太小，_____。（……不下）

3. 我给你_____。（泡）

4. 这件事_____。（再说）

四、用括号里的词语完成对话

1. A：我借来了京剧DVD，我们一起看，好吗？（……再说）
   B：_____

2. A：我们明天再看吧。（……不到）
   B：_____

3. A：那张小桌子放得下吗？（……不下）
   B：_____

4. A：桌子太小，放不下吧？（……得下）
   B：_____

五、词语填空

1. 我打了三个小时网球，到最后，实在打_____动了才回来。

2. 这张桌子放_____下吗？

3. 明天你就看不_____了，我要_____给朋友了。

4. 你坐着，我给你_____一杯咖啡。

六、模仿例句用划线词语造句

1. 我实在打<u>不动</u>了。

2. 这个包不重，我拿<u>得动</u>。

3. 这张桌子太小，放<u>不下</u>。

4. 这个箱子装<u>得</u>下吗？

七、词语排序

1. 太 了 累 明天 吧 再说 我 今天
2. 网球 我 小时 打 个 了 三
3. 朋友 我 给 明天 还 了 要
4. 电视机 把 我们 在 放 小 上 桌子

八、模仿例句改写句子

这台电视机太重，我不能搬。→ 这台电视机太重，我搬不动。

1. 我已经走了两个小时，太累了，不能再走了。→

2. 这个房间太小，这张桌子太大，不能放。→

3. 这么多饮料，这个袋子太小，不能装。→

4. 这个菜太咸了，我没有办法吃。→

九、阅读或听力

　　山本的同屋田中借来了京剧的DVD，请山本一起看。可是，今天山本打网球打得太累了，看不动了。朋友说，把电视机放在床前的小桌子上，让山本躺着看，这样，山本就能看了。

十、成段表达

　　今天我打了三个小时网球，一直到打不动了才回房间。田中请我跟他一起看京剧的DVD，我实在太累了。

Shǒujī
手机

第十三课

Wǒ zhèngzài fā duǎnxìn ne
我 正在 发 短信 呢

13

Shengci 生词

1. 手机	shǒujī	mobile phone	携帯電話 휴대폰
2. 正在	zhèngzài	be doing; right now	している 지금…하고 있는 중이다
3. 发	fā	send out	出す …를 발송하다 (보내다)
4. 短信	duǎnxìn	note; short message	メール 메시지
5. 不停	bùtíng	continuously; endlessly	ずっと 끊임없이
6. 按	àn	press	押す 누르다
7. 打字	dǎ zì	type	文字を打つ 타자 / 타이핑
8. 费用	fèiyòng	cost; fee	費用 비용
9. 信息	xìnxī	information	情報 정보
10. 收	shōu	receive	受け取る …를 받다
11. 则	zé	but	しかし 반면에
12. 付费	fù fèi	pay	金を払う 돈을 지불하다
13. 顺序	shùnxù	order	順序 순서
14. 编	biān	edit	文字を打つ文章を作る 편집하다
15. 免费	miǎnfèi	free of charge	無料 무료 / 면비

第十三课　我正在发短信呢

A: 小李，你在手机上不停地按什么呢?

B: 我正在给朋友发短信呢。

A: 手机也能打字写信吗?

B: 是啊，而且很方便，就和电脑打字一样。

A: 发短信的费用贵不贵?

B: 不贵，发信息每条一毛，收信息则不需要付费。

A: 比打电话便宜多了。小李，我不会发短信，有空的话你教我发短信吧。

B: 好，现在就教你，你按照我说的顺序按。

A: 真的很方便，一条短信编好了。

B: 以后有事就给我发短信吧。

一、替换练习

1. 我正在<u>发</u> <u>短信</u>。

收	短信
发	E-Mail
收	E-Mail
学习	汉语

2. <u>手机能发短信</u>。

这个药	治感冒
交流	消除误会
唱歌	使人轻松
运动	减轻工作压力

3. <u>发信息每条一毛</u>,<u>收信息</u>则<u>不需要付费</u>。

大人要买票	小孩	免费
晴天很热	下雨天	凉快多了
二十公斤以内免费	二十公斤以上	收费
样子新的比较贵	样子老的	比较便宜

4. 我不会发<u>短信</u>。

跳舞
开车
打网球
做中国菜

第十三课　我正在发短信呢

二、读读写写想想

正在发短信	正在发 E-Mail	正在上课	正在看电视
不停地按	不停地说	不停地笑	不停地哭
教我发短信	教我用电脑	教我打网球	教我唱中国歌
会唱歌	不会唱歌	能唱歌	不能唱歌

三、用括号里的词语完成句子

1. 你在手机上不停地 _____？（按）
2. 我正在 _____。（发）
3. 发信息每条一毛，_____。（收）
4. 有空的话，_____。（教）

四、用括号里的词语完成对话

1. A：你正在手机上不停地按什么呢？（发）
   B：_____
2. A：手机也能打字写信吗？（一样）
   B：_____
3. A：发短信贵不贵？（多了）
   B：_____
4. A：发短信难吗？（容易）
   B：_____

五、词语填空

1. 我 _____ 给朋友发短信呢。
2. 手机也 _____ 打字写信吗？
3. 我不 _____ 发短信。
4. 你 _____ 我发短信吧。

六、模仿例句用划线词语造句

1. 我<u>正在</u>给朋友发短信呢。

2. 手机也<u>能</u>发短信吗？

3. 我不<u>会</u>发短信。

4. 一条短信编<u>好</u>了。

七、词语排序

1. 呢　朋友　我　给　短信　发　正在
2. 不　贵　发　费用　短信　贵　的
3. 了　好　一　编　条　短信
4. 我　以后　事　给　短信　发　有　吧　就

八、模仿例句改写句子

他正在学汉语呢。→ 现在他正在学汉语呢。
　　　　　　　　　昨天我们去找他的时候，他正在学汉语呢。

1. 他正在做菜。→

2. 他正在打网球。→

3. 他正在看电视。→

4. 他正在跟朋友聊天。→

九、阅读或听力

　　小李正在给朋友发短信，他觉得发短信很方便，也很便宜。在中国，打手机的时候，打的人和接的人都要付钱，而发短信的时候，发的人付钱，收的人则不用付钱。所以，发短信比打手机便宜多了。

十、成段表达

　　小李正在给朋友发短信。我不会，我请小李教我。我按照他说的顺序按，现在，我也会发短信了。

第十三课 我正在发短信呢

Shengci 生词

1. 怪不得	guàibude	no wonder	道理で、なるほどだ	
			어쩐지 / 과연	
2. 吵	chǎo	noisy	騒々しい	
			시끄럽다	
3. 越来越……	yuèláiyuè…	more and more	だんだん	
			점점 더	
4. 离不开	lí bu kāi	can't do without	離れられない	
			…와 떨어져 생각할 수 없다	
5. 影响	yǐngxiǎng	influence	影響	
			영향(을 주다)	
6. 躲	duǒ	avoid; shelter	避ける	
			피하다	
7. 越……越……	yuè…yuè…	the more…the more…	ば…ほど…	
			…하면 할수록	
8. 回不去	huí bu qù	can't go back	帰れない	
			돌아갈 수 없다	
9. 只好	zhǐhǎo	have no choice but to	するほかない	
			다만…하는 수 밖에	
10. 钢琴	gāngqín	piano	ピアノ	
			피아노	
11. 弹	tán	play	弾く	
			…를 연주하다	
12. 减肥茶	jiǎnféi chá	tea which can reduce fat	減肥茶	
			다이어트 차	
13. 胖	pàng	fat	太い	
			뚱뚱하다	
14. 糊涂	hútu	silly	はっきり分からない	
			정신이 없다	
15. 长	zhǎng	grow	育つ	
			성장하다	

课文 Kewen

A：昨天我给你打手机的时候，你正在做什么呢？

B：我正在陪朋友唱卡拉OK呢。

A：怪不得旁边那么吵，一点儿也听不清楚，所以我只好给你发短信了。

B：现在我们的生活越来越离不开短信了。

A：因为短信又方便又便宜。

B：而且发短信不影响旁边的人。

A：所以现在发短信的人越来越多了。

B：啊，下雨了。我们去商店躲一躲吧。

A：雨越下越大了，我们回不去了。

B：那我们只好逛商店了。

第十三课　我正在发短信呢

Lian xi

一、替换练习

1. 雨越下越大了。

孩子	长	漂亮
他的钢琴	弹	好
汉语	学	难
减肥茶	喝	胖

2. 我们的生活越来越离不开手机了。

人们的生活	好
他的汉语	流利
天气	热
工作	忙

3. 怪不得旁边那么吵。

| 他今天不高兴 |
| 价格这么便宜 |
| 他的汉语那么好 |
| 买的人那么多 |

4. 我们只好逛商店了。

我们	不去
我	不买
他们	分手
李先生	回国

二、读读写写想想

> 雨越下越大　　汉语越学越难　　他的话越听越糊涂　　这个孩子越长越漂亮
> 越来越漂亮　　　越来越热　　　越来越忙　　　越来越贵　　　越来越快
> 怪不得他那么高兴　　怪不得这么热　　怪不得那么贵　　怪不得他反对
> 听不清楚　　　离不开　　　　回不去　　　　学不会

三、用括号里的词语完成句子

1. 旁边太吵了，_____。（一点儿也）
2. 昨天我给你打手机的时候，_____。（正在）
3. 现在人们的生活_____。（越来越）
4. 下雨了，_____。（躲）

四、用括号里的词语完成对话

1. A：昨天我给你打手机的时候，你正在做什么呢？（正在）
   B：_____
2. A：昨天我一天不在家。（怪不得）
   B：_____
3. A：发短信又方便又便宜。（所以）
   B：_____
4. A：雨越下越大，我们回不去了。（只好）
   B：_____

五、词语填空

1. 我_____陪朋友逛商店呢。
2. 我们的生活_____离不开短信了。
3. 雨_____下_____大，我们回不去了。
4. 我们_____逛商店了。

第十三课　我正在发短信呢

六、模仿例句用划线词语造句

1. 我<u>正在</u>陪朋友逛商店呢。
2. 我们的生活<u>越来越</u>离不开短信了。
3. 雨<u>越</u>下<u>越</u>大，我们回不去了。
4. 我们<u>只好</u>逛商店了。

七、词语排序

1. 呢　我　朋友　陪　卡拉OK　唱　正在
2. 吵　怪不得　那么　旁边
3. 越来越　了　生活　的　离不开　我们　短信
4. 我们　越……越……　了　回不去　雨　下　大

八、看图说话

九、阅读或听力

　　昨天我给李芳打手机的时候，她正在陪朋友唱卡拉OK。旁边太吵，一点儿也听不清楚。所以，我就给她发短信。发短信比打手机更方便，也比打手机便宜。现在利用手机发短信的人越来越多了。

十、成段表达

　　发短信比打手机便宜，也比打手机方便。旁边太吵的时候，不想影响别人的时候，发短信都比打手机更方便。所以，现在利用手机发短信的人越来越多了。

Tiānqì
天气

第十四课

Kuài yào xià yǔ le
快要下雨了

第十四课　快要下雨了

Shengci 生词

1.	天气	tiānqì	weather	天気 / 날씨
2.	快要……了	kuàiyāo…le	soon; be about to	もうすぐ / 곧…할 것이다
3.	天色	tiānsè	color of sky	空模様 / 하늘 빛
4.	暗	àn	dark	暗い / 어둡다
5.	看样子	kàn yàngzi	it seems	見たところ, ～のようだ / 보아하니…것 같다
6.	梅雨	méiyǔ	intermittent drizzles	梅雨 / 장마비
7.	季节	jìjié	season	季節 / 계절
8.	中旬	zhōngxún	the middle ten days of a month	中旬 / 중순
9.	上旬	shāngxún	the first ten days of a month	下旬 / 하순
10.	末	mò	end	末 / 말 / 끝
11.	初	chū	at the beginning of	始め / 초기
12.	总是	zǒngshì	always	いつも / 항상
13.	闷	mēn	stuffy	蒸し暑い / 답답하다
14.	及格	jígé	pass	合格 / 합격하다
15.	厉害	lìhai	serious	ひどい / 대단하다

课文 Kewen

A: _{Tiānsè yuèláiyuè àn, kānyàngzi kuài yào xià yǔ le.}
天色越来越暗，看样子快要下雨了。

B: _{Shànghǎi de xià yǔ tiān zhēn duō a.}
上海的下雨天真多啊。

A: _{Xiànzài zhènghǎo shì méiyǔ jìjié, suǒyǐ xià yǔ tiān bǐjiào duō.}
现在正好是梅雨季节，所以下雨天比较多。

B: _{Shànghǎi de méiyǔ jìjié yībān shì jǐ yuèfèn?}
上海的梅雨季节一般是几月份？

A: _{Yībān cóng liù yuè zhōngxún dào qī yuè shàngxún, èrshí tiān zuǒyòu.}
一般从六月中旬到七月上旬，20天左右。

B: _{Bǐ wǒmen guójiā zǎo yí ge duō yuè.}
比我们国家早一个多月。

A: _{Nǐmen guójiā yě yǒu méiyǔ ma?}
你们国家也有梅雨吗？

B: _{Yě yǒu, búguò zài qī yuè mò bā yuè chū, shíjiān yě bǐjiào duǎn.}
也有，不过在七月末八月初，时间也比较短。

A: _{Méiyǔ jìjié de tiānqì zhēn bù shūfu.}
梅雨季节的天气真不舒服。

B: _{Shì a, zǒngshì yòu mēn yòu rè de.}
是啊，总是又闷又热的。

第十四课　快要下雨了

一、替换练习

1. 快要<u>下雨</u>了。

下课	
十二点	
开始	
结束	

2. <u>现在</u>正好是<u>梅雨季节</u>。

今天	我的生日
两件衣服	100元
60分	及格
这辆车	坐10个人

3. <u>天色</u>越来越<u>暗</u>。

天气	热
感冒	厉害
生活	好
价格	便宜

4. 比<u>我们国家</u> <u>早</u> <u>一个多月</u>。

那个商店	贵	一倍
我们国家	晚	一个小时
我的弟弟	大	两岁
我的班	多	两个人

二、读读写写想想

> 快要下雨了　　快要下课了　　快要开始了　　快要结束了
> 天色越来越暗　生活越来越好　天气越来越热　汉语说得越来越流利
> 又闷又热　　　又冷又饿　　　又高又大　　　又好吃又便宜
> 月末　　月初　　年末　　年初　　周末　　周初

三、用括号里的词语完成句子

1. 天色越来越暗，_____。（快要……了）
2. _____，所以下雨天比较多。（正好）
3. 上海的梅雨 _____。（比）
4. 梅雨季节的天气 _____。（又……又……）

四、用括号里的词语完成对话

1. A：上海的下雨天真多啊。（正好）
   B：_____
2. A：上海的梅雨季节一般在几月份？（末、初）
   B：_____
3. A：你们国家也有梅雨吗？（也）
   B：_____
4. A：梅雨季节的天气怎么样？（又……又……）
   B：_____

五、词语填空

1. 天色 _____ 暗，看样子 _____ 下雨 _____。
2. 现在 _____ 是梅雨季节，所以下雨天比较多。
3. 上海的梅雨 _____ 我们国家 _____ 一个多月。
4. 梅雨季节的天气 _____ 闷 _____ 热。

六、模仿例句用划线词语造句

1. 天色越来越暗，<u>快要</u>下雨<u>了</u>。

2. 这么晚了，<u>看样子</u>他不会来了。

3. 现在<u>正好</u>是梅雨季节。

4. 梅雨季节的天气总是<u>又</u>闷<u>又</u>热。

七、词语排序

1. 正好　季节　现在　梅雨　是
2. 国家　有　你们　吗　梅雨　也
3. 季节　梅雨　真　天气　的　舒服　不
4. 梅雨　的　一般　季节　六月　到　从　中旬　七月　上海　上旬

八、模仿例句改写句子

要下雨了。→
快要下雨了。
就要下雨了。

1. 要下课了→　　　　　　　2. 要吃饭了→

3. 要睡觉了→　　　　　　　4. 要结束了→

九、阅读或听力

　　上海的梅雨季节一般从六月中旬到七月上旬，20天左右。现在正好是梅雨季节，所以下雨天比较多。梅雨季节真不舒服，天气总是又闷又热。

十、成段表达

　　天色越来越暗，看样子快要下雨了。现在正好是梅雨季节，所以下雨天比较多。梅雨季节真不舒服，天气总是又闷又热。

Shengci 生词

1. 刚才	gāngcái	just now	さっき 조금 전
2. 还是	háishi	still	さっきまで、なのに 이렇게도(강조)
3. 下起雨来	xià qǐ yǔ lái	The rain began to fall down.	雨が降り出す 비가 내리기 시작하다
4. 阵雨	zhènyǔ	shower	にわか雨 지나가는 비
5. 四季	sìjì	the four seasons	四季 사계절
6. 气候	qìhòu	climate	気候 기후
7. 分明	fēnmíng	clearly	はっきりしている 분명하다
8. 暖和	nuǎnhuo	warm	暖かい 따뜻하다
9. 凉快	liángkuai	nice and cool	涼しい 선선하다
10. 家乡	jiāxiāng	hometown	故郷 고향
11. 不冷也不热	bù lěng yě bú rè	neither hot nor cold	寒くも暑くもない 춥지도 않고 덥지도 않다
12. 亮起来	liàng qǐlái	begin to become bright	明るくなる 밝아지기 시작하다
13. 准备	zhǔnbèi	be ready	するつもり、準備する 준비하다
14. 鼓掌	gǔzhǎng	clap one's hands; applaud	手をたたく 박수치다
15. 摔倒	shuāidǎo	fall over oneself	転ぶ 넘어지다

第十四课 快要下雨了

课文 Kewen

A: Gāngcái tiānqì háishi hǎohǎo de, zěnme yíxiàzi xià qǐ yǔ lái le?
刚才 天气 还是 好好 的,怎么 一下子 下 起 雨 来 了?

B: Shànghǎi de xiàtiān chángcháng xià zhèyàng de zhènyǔ.
上海 的 夏天 常常 下 这样 的 阵雨。

A: Shànghǎi de sìjì qìhòu zěnmeyàng?
上海 的 四季 气候 怎么样?

B: Shànghǎi de sìjì qìhòu fēnmíng, chūntiān nuǎnhuo, xiàtiān rè,
上海 的 四季气候 分明,春天 暖和,夏天 热;
qiūtiān liángkuai, dōngtiān lěng.
秋天 凉快,冬天 冷。

A: Dōngtiān xià xuě ma?
冬天 下雪 吗?

B: Dōngtiān hěn shǎo xià xuě, zuì dī wēndù língxià wǔ dù zuǒyòu.
冬天 很 少 下雪,最低 温度 零下 5 度 左右。

A: Bǐ wǒ de jiāxiāng lěng duō le. Yì nián zhōng zuì hǎo de jìjié
比 我 的 家乡 冷 多 了。一 年 中 最 好 的 季节
shì jǐ yuè?
是 几 月?

B: Wǔ yuè hé shí yuè, nà shíhou bù lěng yě bú rè, zuì shūfu.
五 月 和 十 月,那 时候 不 冷 也 不 热,最 舒服。

A: Tiānsè mànmàn de liàng qǐlái le.
天色 慢慢 地 亮 起来 了。

B: Duì, yǔ kuài yào tíng le, wǒmen zhǔnbèi zǒu ba.
对,雨 快 要 停 了,我们 准备 走 吧。

一、替换练习

1. <u>天色</u> <u>亮</u>起来了。

雨	下
人	多
天气	热
城市	漂亮

2. <u>天空</u> <u>下</u>起<u>雨</u>来。

外面	下	雪
我们	唱	歌
大家	鼓	掌
朋友们	跳	舞

3. 怎么一下子<u>下起雨来</u>了？

哭起来
冷起来
摔倒
不高兴

4. 不<u>冷</u>也不<u>热</u>，<u>最舒服</u>。

大	小	正合适
多	少	正好10个
早	晚	正好十二点
咸	淡	正合口味

第十四课　快要下雨了

二、读读写写想想

亮起来	热起来	多起来	漂亮起来
下起雨来	唱起歌来	跳起舞来	鼓起掌来
不冷也不热	不大也不小	不早也不晚	不多也不少
春天暖和	夏天热	秋天凉快	冬天冷

三、用括号里的词语完成句子

1. 刚才天气还是好好的，＿＿＿＿＿＿＿＿＿＿？（一下子）
2. 五月的天气 ＿＿＿＿＿＿＿＿＿＿＿。（不……也不……）
3. 冬天很少下雪，＿＿＿＿＿＿＿＿＿＿＿。（最低）
4. 雨快要停了，天色 ＿＿＿＿＿＿＿＿＿＿。（起来）

四、用括号里的词语完成对话

1. A：刚才天气还是好好的，怎么一下子下起雨来了？（常常）
   B：＿＿＿＿＿＿＿＿＿＿＿＿＿＿＿＿
2. A：上海的四季气候怎么样？（分明）
   B：＿＿＿＿＿＿＿＿＿＿＿＿＿＿＿＿
3. A：上海的冬天下雪吗？（很少）
   B：＿＿＿＿＿＿＿＿＿＿＿＿＿＿＿＿
4. A：上海一年中最好的季节是几月？（舒服）
   B：＿＿＿＿＿＿＿＿＿＿＿＿＿＿＿＿

五、词语填空

1. 刚才天气还是好好的，怎么一下子下 ＿＿＿＿ 雨 ＿＿＿＿ 了？
2. 五月和十月的天气不 ＿＿＿＿ 也不 ＿＿＿＿，最舒服。
3. 春天 ＿＿＿＿，夏天 ＿＿＿＿；秋天 ＿＿＿＿，冬天 ＿＿＿＿。
4. 雨快要 ＿＿＿＿ 了，天色慢慢地亮 ＿＿＿＿ 了。

六、模仿例句用划线词语造句

1. 刚才天气还是好好的。
2. 怎么一下子下起雨来了？
3. 天色慢慢地亮起来了。
4. 五月和十月，不冷也不热。

七、词语排序

1. 夏天　上海　阵雨　常常　的　下　的　这样
2. 秋天　春天　凉快　暖和　热　冷　冬天　夏天
3. 亮　慢慢　了　天色　起来　地
4. 来　大家　地　跳舞　起　了　高兴

八、看图说话

九、阅读或听力

上海的四季很分明，春天暖和，夏天热；秋天凉快，冬天冷。冬天很少下雪，最低温度零下5度左右。一年中最好的季节是五月和十月，那时候天气不冷也不热，最舒服。

十、成段表达

刚才天气还是好好的，突然一下子下起雨来。听说上海的夏天常常这样。下了一会儿，雨停了，天色又慢慢地亮起来了。

Rénjì jiāowǎng
人际 交往

第十五课

Lǐwù néng dāng miàn dǎkāi ma?
礼物能 当 面打开吗?

15

课文一

 Shengci 生词

1. 人际	rénjì	interpersonal	人と人の関係	
			인간관계	
2. 交往	jiāowǎng	intercourse; communicate	つきあい	
			교제 / 커뮤니케이션	
3. 礼物	lǐwù	present; gift	プレゼント	
			선물	
4. 当面	dāng miàn	face to face; publicly	面と向かって	
			면전에서	
5. 带	dài	bring	持つ	
			지니다 / 휴대하다	
6. 记	jì	remember	覚える	
			기억하다	
7. 风俗	fēngsú	custom	風俗、風習	
			풍속	
8. 习惯	xíguàn	custom; habit	習慣	
			습관	
9. 上网	shàng wǎng	on the internet	インターネットをするする	
			인터넷 하다	
10. 至于	zhìyú	as for	については	
			…에 대해서	
11. 重要	zhōngyào	important	重要	
			중요하다	
12. 赞扬	zānyáng	praise	ほめる	
			찬양 / 칭찬하다	
13. 番	fān	once	回度	
			…번	
14. 表示	biǎoshì	express	表示	
			나타내다 / 표현하다	
15. 尊重	zūnzhòng	respect	尊重	
			존중하다	

第十五课　礼物能当面打开吗？

A: Zhè shì wǒ dài gěi nǐ de xiǎo lǐwù.
这 是 我 带 给 你 的 小 礼物。

B: Xièxie nǐ yìzhí jìzhe wǒ.
谢谢 你 一直 记着 我。

A: Qǐng nǐ dǎkāi kàn yíxià ba.
请 你 打开 看 一下 吧。

B: Zhēn piàoliang. Wǒ zhèng xiǎng mǎi yì tiáo zhèyàng de wéijīn.
真 漂亮。我 正 想 买 一条 这样 的 围巾。

A: Nǐ xǐhuan de huà, wǒ hěn gāoxìng.
你 喜欢 的 话，我 很 高兴。

B: Wǒ fēicháng xǐhuan, zhēnde xièxie nǐ.
我 非常 喜欢，真的 谢谢 你。

A: Zài nǐmen guójiā, lǐwù bù néng dāngmiàn dǎkāi ma?
在 你们 国家，礼物 不 能 当 面 打开 吗？

B: Yìbān bù dāngmiàn dǎkāi, yào děng kèrén líkāi yǐhòu cái dǎkāi.
一般 不 当面 打开，要 等 客人 离开 以后 才 打开。

A: Zài wǒmen guójiā, lǐwù yídìng yào dāng zhe kèrén de miàn dǎkāi.
在 我们 国家，礼物 一定 要 当 着 客人 的 面 打开。

B: Měi ge guójiā de fēngsú xíguàn dōu bù yíyàng a.
每个 国家 的 风俗 习惯 都 不 一样 啊。

一、替换练习

1. 礼物能<u>当面打开</u>吗？

这台电脑	上网
现在	洗澡
这个房间	跳舞
现在我	进去

2. 我正想<u>买一条这样的围巾</u>。

给你打电话
去你的家
去银行
去超市买东西

3. <u>每个国家的风俗习惯</u>都不一样。

每个国家的文化
每个同学的汉语水平
每个人的想法
每个家庭的情况

4. 要等<u>客人离开</u>以后才<u>打开</u>。

作业做完	睡觉
工作做完	休息
回国	决定
老师来了	知道

第十五课　礼物能当面打开吗？

二、读读写写想想

当面打开	当面批评	当面接受	当面说清楚
当客人的面	当朋友的面	当老师的面	当父母的面
看一下	听一下	尝一下	试一下
风俗	习惯	文化	礼仪　传统　民俗

三、用括号里的词语完成句子

1. 这是我 _____。（带）

2. 请你打开 _____。（一下）

3. 礼物要等客人 _____。（才）

4. 每个国家的 _____。（不一样）

四、用括号里的词语完成对话

1. A：这是我带给你的礼物。（记着）
   B：_____

2. A：你喜欢的话，我很高兴。（非常）
   B：_____

3. A：在你们国家礼物能当面打开吗？（一般）
   B：_____

4. A：你觉得礼物当面打开好还是客人离开以后打开好？（觉得）
   B：_____

五、词语填空

1. 这是我 _____ 给你的 _____ 礼物。

2. 请你打 _____ 看 _____ 吧。

3. 我 _____ 想买一 _____ 这样的围巾呢。

4. 在我们国家，礼物一定 _____ 客人的 _____ 打开。

六、模仿例句用划线词语造句

1. 请你打开看一下吧。
2. 我正想买一条这样的围巾呢。
3. 你喜欢的话，我很高兴。
4. 礼物要等客人离开以后才打开。

七、词语排序

1. 我　礼物　是　给　带　的　小　你　这
2. 围巾　我　买　想　这样　条　的　正　一
3. 我们　在　一定　当面　国家　的　打开　着　礼物　客人　要
4. 国家　都　每个　风俗　的　啊　习惯　一样　不

八、看图说话

九、阅读或听力

在中国，礼物一般不当着客人的面打开，要等客人离开以后才打开。这样做是表示主人重情不重礼，收到礼物就很高兴了，至于是什么礼物并不重要。而在有的国家，礼物一定要当着客人的面打开，然后对礼物赞扬一番，这也表示主人对客人的尊重。每个国家的风俗习惯都不一样。

十、成段表达

在中国，礼物一般不当着客人的面打开，要等客人离开以后才打开。而在有的国家礼物一定要当着客人的面打开，看了以后表示喜欢，客人才高兴。每个国家的风俗习惯都不一样。

第十五课　礼物能当面打开吗？

1.	婚礼	hūnlǐ	wedding	結婚式 결혼식
2.	有的…… 有的……	yǒude… yǒude…	some…others…	あるし...ある 어떤 사람들은…/ 또 어떤 사람들은…
3.	礼金	lǐjīn	money as a gift; cash gift	お礼い金、祝儀 축의금
4.	新娘	xīnniáng	bride	花嫁 신부
5.	实惠	shíhuì	practical	実用である 실리적이다
6.	纪念	jìniàn	memorial	記念 기념
7.	工艺品	gōngyìpǐn	craftwork	工芸品 공예품
8.	日用品	rìyòngpǐn	commodity	日用品 일용품
9.	因人而异	yīn rén ér yì	vary from person to person	人によって違う 사람에 따라 다르다
10.	直接	zhíjiē	directly	直接 직접
11.	新人	xīnrén	just married couple	新婚夫婦 신혼부부
12.	红封袋	hóngfēngdài	red envelop	赤い封筒 중국식 축의봉투
13.	选	xuǎn	choose	選ぶ 선택 / 선정 / 고르다
14.	对象	duìxiāng	boy or girl friend	恋人 결혼 상대
15.	新郎	xīnláng	bridegroom	花婿 신랑

课文 Kewen

A: 中国人参加朋友的婚礼一般送什么？

B: 有的送礼金，有的送礼物。

A: 明天我要参加朋友的婚礼，我的朋友是新娘。你看送礼金好还是送礼物好？

B: 送礼金比较简单实惠，送礼物比较有纪念意义。

A: 送礼物的话，送什么好呢？

B: 可以送漂亮的工艺品，也可以送实用的日用品。

A: 送礼金的话送多少呢？

B: 这个因人而异，每个人不一样。从200到2000都可以。

A: 礼金直接送给新人吗？

B: 礼金一般放在红封袋里，直接送给新人。

第十五课　礼物能当面打开吗？

一、替换练习

1. 有的送礼金，有的送礼物。

唱歌	跳舞
吃米饭	吃饺子
喝茶	喝咖啡
跑步	打篮球

2. 送礼金比较简单实惠，送礼物比较有纪念意义。

这家餐厅	便宜	那家餐厅	舒适
这家超市	近	那家超市	大
这个口味	好	那个样子	好
送工艺品	漂亮	送日用品	实用

3. 可以送漂亮的日用品，也可以送实用的日用品。

去苏州玩儿	去杭州玩儿
去唱卡拉OK	去看电影
骑车去	走着去
点水果	点饮料

4. 送多少礼金因人而异。

| 学多少时间 |
| 喜欢什么颜色 |
| 选对象的标准 |
| 结婚的年龄 |

163

二、读读写写想想

结婚　　婚礼　　新郎　　新娘　　新人
比较简单　　比较实用　　比较麻烦　　比较舒适
从200到2000　从上海到北京　从周一到周五　从老人到孩子
有的送礼金，有的送礼物　有的唱歌，有的跳舞　有的跑步，有的打球

三、用括号里的词语完成句子

1. 明天我要 _____。（婚礼）

2. 送礼金好 _____。（还是）

3. 送礼物比较 _____。（有）

4. 礼金一般 _____。（放）

四、用括号里的词语完成对话

1. A：中国人参加朋友的婚礼一般送什么？（有的……有的……）

   B：_____

2. A：送礼物好还是送礼金好？（比较）

   B：_____

3. A：送礼物的话，可以送什么呢？（也可以送）

   B：_____

4. A：礼金一般放在哪里？（红）

   B：_____

五、词语填空

1. _____ 人送礼金，_____ 人送礼物。

2. 送礼金好 _____ 送礼物好？

3. 礼金送多少因人 _____。

4. 礼金一般放在红 _____ 里，直接送给 _____。

六、模仿例句用划线词语造句

1. <u>有</u>的送礼金，<u>有</u>的送礼物。
2. 送礼金<u>比较</u>简单实惠，送礼物<u>比较</u>有纪念意义。
3. <u>可以</u>送漂亮的工艺品，<u>也可以</u>送实用的日用品。
4. 礼金送多少<u>因人而异</u>。

七、词语排序

1. 朋友　明天　的　要　我　婚礼　参加
2. 还是　礼物　你　礼金　好　送　好　看　送
3. 新人　礼金　放　一般　在　里　红　给　送　封袋　把　直接
4. 也　工艺品　可以　漂亮　日用品　送　的　可以　的　实用　送

八、看图说话

_____
_____
_____
_____
_____
_____
_____

九、阅读或听力

中国人参加朋友的婚礼，有的人送礼金，有的人送礼物。送礼金比较简单实惠，送礼物比较有纪念意义。送礼物可以送漂亮的工艺品，也可以送实用的日用品。送礼金的话一般放在红封袋里送给新人。

十、成段表达

明天我要参加朋友的婚礼。我想买一件漂亮的工艺品送给她。我觉得送礼物比较有纪念意义，以后她看到礼物就会想到我。

Gàobié
告别

第十六课

Míngnián wǒ yídìng zài lái
明年 我 一定 再 来

第十六课　明年我一定再来

Shengci 生词

1.	告别	gàobié	say good-bye to	別れを告げる / 작별하다
2.	过	guò	pass	過ごす / (시간)보내다
3.	转眼	zhuǎnyǎn	in an instant	瞬く間に / 눈 깜짝할 사이에
4.	过去	guòqù	elapse	過ごした / (시간)지나가다
5.	习惯	xíguàn	get accustomed to	習慣 / 익숙해지다 / 습관
6.	知识	zhīshi	knowledge	知識 / 지식
7.	除了……以外	chúle…yǐwài	besides	以外に / …를 제외하고… 그 외에도
8.	城市	chéngshì	city	都市 / 도시
9.	等	děng	and so on	など / 등등
10.	机会	jīhuì	chance	機会 / 기회
11.	暑假	shǔjià	summer vacation	夏休み / 여름방학 / 여름휴가
12.	寒假	hánjià	winter vacation	冬休み / 겨울방학 / 겨울휴가
13.	交	jiāo	make	交際する / 사귀다
14.	继续	jìxù	keep on	続ける / 계속해서 …하다
15.	生日	shēngrì	birthday	誕生日 / 생일

167

课文 Kewen

A：一个月以前我们在这儿欢迎你们，今天要和你们说再见了。

B：是啊，时间过得真快，转眼一个月过去了。

A：这一个月你们过得习惯吗？

B：过得很好，学了很多知识，看了很多名胜，还吃了很多中国菜。

A：除了汉语以外，你们还学了什么呢？

B：还学了中国文化，了解了很多文化知识。

A：除了上海，你们还去了哪些城市？

B：我们还去了苏州、杭州、南京等城市。

A：以后有机会再来上海吧。

B：对，明年暑假我一定再来上海。

第十六课　明年我一定再来

一、替换练习

1. 时间过得真快，转眼<u>一个月</u>过去了。

   | 一个星期 |
   | 两个星期 |
   | 半年 |
   | 寒假 |

2. <u>看了很多名胜古迹</u>，还<u>吃了很多中国菜</u>。

吃了很多菜	喝了很多酒
买了很多衣服	买了几双鞋
学了汉语	学了中国文化
认识了许多地方	交了不少中国朋友

3. 除了<u>汉语</u>以外，还<u>学了中国文化</u>。

上海	去了很多别的城市
广东菜	有北京菜和四川菜
中国学生	有外国学生
男同学	有一些女同学

4. <u>明年暑假</u>我一定<u>再来上海</u>。

回去以后	给你写信
回国以后	继续学习汉语
今天的晚会	参加
明天	去机场送你

二、读读写写想想

告别	再见	欢迎	欢送
学汉语	看名胜	吃中国菜	交中国朋友
除了汉语以外	除了上海以外	除了豫园以外	除了广东菜以外
过得很好	过来	过马路	过生日

三、用括号里的词语完成句子

1. 一个月以前在这儿欢迎你们，_____。（要……了）

2. 时间过得真快，_____。（转眼）

3. 除了汉语以外，_____。（还）

4. 明年暑假，我_____。（一定）

四、用括号里的词语完成对话

1. A：这一个月你们过得习惯吗？

   B：_____

2. A：除了汉语以外，你们还学了什么呢？

   B：_____

3. A：除了上海，你们去了哪些城市？

   B：_____

4. A：以后有机会再来上海吧。

   B：_____

五、词语填空

1. 一个月以前在这儿欢迎你们，今天_____和你们说再见_____。

2. 时间_____得真快，_____一个月过去了。

3. _____汉语_____，我们_____学了中国文化。

4. 明年暑假我一定_____来上海。

第十六课　明年我一定再来

六、模仿例句用划线词语造句

1. 这一个月我们过得很好。
2. 除了汉语以外，我们还学了中国文化。
3. 我们还去了苏州、杭州、南京等城市。
4. 明年暑假我一定再来上海。

七、词语排序

1. 再见　你们　今天　和　说　了　要
2. 转眼　时间　个　得　快　一　真　月　过　了　过去
3. 上海　去　除了　还　了　我们　苏州　城市　杭州　等　南京
4. 再　明年　我　来　暑假　上海　一定

八、看图说话

九、阅读或听力

　　时间过得真快，转眼一个月过去了。这一个月里，我们学了很多知识，看了很多名胜，还吃了很多中国菜。我们去了东方明珠、外滩、南京路、淮海路、徐家汇等地方。上海真是一个充满活力的城市，明年我一定再来上海。

十、成段表达

　　时间过得真快，转眼一个月过去了。这一个月里，我们学了很多知识，看了很多名胜，还吃了很多中国菜。这次旅行很有意思，明年我一定再来上海。

171

Sheng ci 生词

1. 又	yòu	again	また 또 / 다시
2. 一早	yìzǎo	early in the morning	朝 아침부터 / 이른 아침
3. 出发	chūfā	set out	出発 출발하다
4. 行李	xíngli	luggage	荷物 짐
5. 整理	zhěnglǐ	pack up	片付ける 정리 / 꾸리다
6. 箱子	xiāngzi	chest; box	トランク 트렁크
7. 恐怕	kǒngpà	I'm afraid that	恐らく 아마… 일 것 같다
8. 超重	chāo zhòng	overweight	規定重量を超える 중량초과
9. 地址	dìzhǐ	address	アドレス、住所 주소
10. 希望	xīwàng	hope	希望 희망하다
11. 告诉	gàosu	tell	知らせる 알리다
12. 体重	tǐzhòng	weight	体重 체중
13. 增加	zēngjiā	increase	増える 증가하다
14. 愉快	yúkuài	pleasure	楽しい 유쾌하다 / 즐겁다
15. 永远	yǒngyuǎn	forever	永遠に 영원히 / 항상 / 언제나

第十六课　明年我一定再来

课文 Kewen

A：昨天晚上我又去了一次外滩。

B：我不是陪你去过外滩了吗？

A：我觉得外滩的夜景太漂亮了，所以昨天晚上又去看了一遍。

B：明天一早你们就要出发了，行李都整理好了吗？

A：都整理好了，比来的时候多了一个箱子。

B：一定是给朋友买了很多礼物吧？

A：是的，买的东西太多了，行李恐怕要超重了。

B：请把你的E-Mail地址给我，我一定发E-Mail给你。

A：我也一定发E-Mail给你。

B：希望能在上海再见到你。

A：我一定再来上海。

一、替换练习

1. 我想再来<u>上海</u>。

   去一次北京
   看一次外滩的夜景
   买一本中文杂志
   吃一次北京烤鸭

2. 我又<u>去了一次外滩</u>。

   吃了一次北京烤鸭
   看了一次外滩的夜景
   买了一本中文杂志
   去了一次北京

3. <u>我</u>不是陪你去过外滩了吗？

你	已经知道了
你	吃过两次了
我	告诉你了
他	不去

4. <u>行李</u>恐怕要<u>超重</u>了。

天	下雨
妈妈	生气
我们	迟到
体重	增加

第十六课　明年我一定再来

二、读读写写想想

再来上海	再去一次	再买一本	再说一遍
又来上海了	又去了一次	又买了一本	又说了一遍
来一次	吃一次	看一遍	听一遍
整理好	买好	洗好	吃好

三、用括号里的词语完成句子

1. 昨天晚上我 _____。（又）

2. 我想 _____。（再）

3. 买的东西太多了，_____。（恐怕）

4. 我一定 _____。（发）

四、用括号里的词语完成对话

1. A：昨天晚上你去哪儿了？（又）

　 B：_____

2. A：你们的行李都整理好了吗？（好）

　 B：_____

3. A：我一定给你发 E-Mail。（也）

　 B：_____

4. A：希望能在上海再见到你。（再）

　 B：_____

五、词语填空

1. 我想 _____ 来一次上海。

2. 昨天我 _____ 去看了一遍。

3. 我 _____ 陪你去过了吗？

4. 行李都已经整理 _____ 了。

六、模仿例句用划线词语造句

1. 我<u>不是</u>陪你去过了<u>吗</u>?
2. 我一定<u>再</u>来上海。
3. 昨天我<u>又</u>去看了一遍。
4. 行李<u>恐怕</u>要超重了。

七、词语排序

1. 你　不是　我　去　外滩　过　吗　陪　了
2. 你　一定　我　也　给　发　E-Mail
3. 再　上海　希望　在　见　你　能　到
4. 又　晚上　去　一次　外滩　昨天　了　我

八、看图说话

九、阅读或听力

　　金小姐明天要回国了，昨天晚上她又去了一次外滩。她的行李都已经整理好了。因为买的东西太多了，所以行李恐怕要超重了。这一个月她过得非常愉快，她说她要再来中国旅行。

十、成段表达

　　明天一早我们就要回国了，真舍不得离开老师和朋友们。这一个月我过得非常愉快，在中国的生活我永远不会忘记。再见吧，中国，再见吧，上海，明年我一定再来！

生 词 总 表

词	拼音	英文	日文/韩文	课
T恤	T- xù	T-shirt	T-シャツ 티셔츠	4
爱情	àiqíng	love between man and woman	愛情 애정	8
安家	ān jiā	settle down	定住 잡을 잡고 가정을 안착시키다	3
按	àn	press	押す 누르다	13
按照	ànzhào	according to	によって …에따라	5
暗	àn	dark	暗い 어둡다	14
把	bǎ	make	を篩 (～하게 하다)	7
包	bāo	wrap	包む 포장하다. 싸다	4
保持	bǎochí	keep	保持 유지하다	7
背	bèi	recite	暗誦する 암송하다	11
比	bǐ	than	より …보다	5
比较	bǐjiào	comparatively	比較的 に비교적	3
编	biān	edit	文字を打つ文章を作る 편집하다	13
变	biàn	become	変わる 변하다(～하게 되다)	1
标志	biāozhì	sign	標識 대표적 건물	2
标志性	biāozhìxìng	symbolic	目じるし、目立つ物 대표적(건물 ～ ～ 등)	2
表示	biǎoshì	express	表示 나타내다 / 표현하다	15

表演	biǎoyǎn	act; performance	出演 공연	12
补习	bǔxí	remediation	補習 보충 학습하다	10
不过	búguò	but	けれど 그러나	8
不是……吗?	búshì…ma?	isn't it	じゃないですか …가 아닙니까?	8
不用	búyòng	needn't; do without	する必要がない …할 필요가 없다	2
不得了	bùdéliǎo	seriously	でたまらない 매우 심하다	7
不管	bùguǎn	in despite of	にかかわらず 상관없이	5
不冷也不热	bù lěng yě bú rè	neither hot nor cold	寒くも暑くもない畜 지도 않고 덥지도 않다	14
不停	bùtíng	continuously; endlessly	ずっと 끊임없이	13
不一定	bù yídìng	not always	とは限らない 반드시 인 것은 아니다	11
不止	bùzhǐ	more than	とまらない …에도 그치지 않다	4
才	cái	just	やっと… 에야(늦음을 표시)	1
财富	cáifù	wealth; fortune	富、財産 재산, 부	8
参加	cānjiā	take part in	参加する …에 참가하다	5
茶楼	chálóu	teahouse	喫茶店 찻집	9
长短	chángduǎn	length	長さ 길이	5
尝尝	chángchang	taste	味わってみる 맛을 보다	6
超重	chāo zhòng	overweight	規定重量を超える 중량초과	16

吵	chǎo	noisy	騒々しい 시끄럽다	13
诚心	chéngxīn	sincerely; truly	誠心 진심으로	4
城市	chéngshì	city	都市 도시	16
迟到	chídào	be late for	遅く 지각하다. 늦다	5
充满	chōngmǎn	be full of; be filled with	満たす充 만되다	3
出	chū	spend	払う (돈을)내놓다	4
出发	chūfā	set out	出発 출발하다	16
出站	chū zhàn	come out of the station	駅を出る 역 밖으로 나오다	2
初	chū	at the beginning of	始め 초기	14
初中	chūzhōng	junior middle school	中学校 중학교	10
除了……以外	chúle…yǐwài	besides	以外に …를 제외하고… 그 외에도	16
穿	chuān	cross; go through	横切る 건너가다 / 통과하다	2
传统	chuántǒng	traditional	伝統 전통	12
从	cóng	from	から …로부터	2
从……到……	cóng…dào…	from…to…	から…まで… …에서부터 … 까지	5
促销	cùxiāo	be on sale	安く売る 판촉	4
存	cún	keep	保存する 저장하다	4
打算	dǎsuan	intend; plan	つもり … 하려고 한다	8

打折	dǎ zhé	give a discount	割引 할인하다	4
打字	dǎ zì	type	文字を打つ 타자 / 타이핑	13
大概	dàgài	general	だいたい 대개	12
大堂	dàtáng	hall	ホール 로비	9
带	dài	bring	持つ 지니다 / 휴대하다	15
淡	dàn	tasteless; (of food) light	薄い (맛)싱겁다	6
当面	dāng miàn	face to face; publicly	面と向かって 면전에서	15
当然	dāngrán	of course	言うまでもなく 당연히, 물론	5
得	děi	need	要する、いる …해야 한다	11
等	děng	and so on	など 등등	16
地铁	dìtiě	underground; subway	地下鉄 지하철	2
地位	dìwèi	position; status	地位 지위	10
地址	dìzhǐ	address	アドレス、住所 주소	16
点	diǎn	order (dishes)	注文 (음식을)주문하다	6
东方明珠	Dōngfāng Míngzhū	Oriental Pearl	テレビ塔 동방명주 TV Tower 건물	5
肚子	dùzi	belly; stomach	おなか (신체부위)배	7
短信	duǎnxìn	note; short message	メール 메시지	13
对	duì	on; to; for	について …에 대하여	3

对象	duìxiàng	boy or girl friend	恋人 결혼 상대	15
躲	duǒ	avoid; shelter	避ける 피하다	13
而且	érqiě	furthermore; moreover	しかも 그리고 / 게다가	3
发	fā	send out	出す …를 발송하다 (보내다)	13
发展	fāzhǎn	development	発展 발전	1
番	fān	once	回度 …번	15
繁华	fánhuá	prosperity	にぎやかできる 번화(하다)	9
方便	fāngbiàn	convenient	便利だ 편리하다	1
方式	fāngshì	style; way	方式 방식	11
方向	fāngxiāng	direction	方向 방향	2
放不下	fàng bu xià	unable to hold	置けない 내려 놓을 수 없다	12
放得下	fàng de xià	be able to hold	置ける 내려 놓을 수 있다	12
放松	fàngsōng	relax	ゆるめる楽にする 늦추다 / 풀어주다	11
费用	fèiyòng	cost; fee	費用 비용	13
分班	fēn bān	divide class	クラスを分ける 분반하다	5
分明	fēnmíng	clearly	はっきりしている 분명하다	14
风格	fēnggé	style	風格 풍격, 스타일	8
风俗	fēngsú	custom	風俗、風習 풍속	15
夫妻	fūqī	husband and wife	夫妻 부부	10

付费	fù fèi	pay	金を払う 돈을 지불하다	13
负担	fùdān	burden; burthen	負担 부담…하다	10
感情	gǎnqíng	feeling; emotion	感情 감정 / 기분	10
刚才	gāngcái	just now	さっき 조금 전	14
钢琴	gāngqín	piano	ピアノ 피아노	13
高考	gāokǎo	college-entrance examination	大学の入学試験 대학 입학시험	10
高中	gāozhōng	senior middle school; high school	高校 고등학교	10
告别	gào bié	say good-bye to	別れを告げる 작별하다	16
告诉	gàosu	tell	知らせる 알리다	16
个子	gèzi	height	背丈キ. 신장	5
各式各样	gèshì gèyàng	all kinds of	それぞれ 각양각색	9
各异	gèyì	various	同じでない 다양하다	8
跟	gēn	with	と …와	3
更	gèng	more	いっそう 더욱 더	1
工具	gōngjù	instrument; tool	手段 공구 / 수단	5
工艺品	gōngyìpǐn	craftwork	工芸品 공예품	15
公司	gōngsī	company	会社 회사	3
功能	gōngnéng	function	功能、機能 기능	7
够	gòu	enough	足りる충 분하다. 넉넉하다	5

古典	gǔdiǎn	classic	クラシック 고전	8
鼓掌	gǔzhǎng	clap one's hands; applaud	手をたたく 박수치다	14
拐	guǎi	turn	曲がる (쪽으로)방향을 바꾸다	2
怪不得	guàibude	no wonder	道理で、なるほどだ 어쩐지 / 과연	13
观赏	guānshǎng	appreciate	観賞 감상하다	9
光临	guānglín	presence	ご光臨 왕림하다	4
国粹	guócuì	the quintessence of a country	国粋、国宝 (나라의)정수,진수,화신	12
过	guo	~ed	したことがある 과거형 이미(…했다)	16
过	guò	pass	過ごす (시간)보내다	6
过去	guòqù	elapse	過ごした (시간)지나가다	16
寒假	hánjià	winter vacation	冬休み 겨울방학 / 겨울휴가	16
好	hǎo	*used before numeral indicators to suggest a large number*	数量や程度を強調する (양사앞에서)많음을 나타내다나타 내다	8
好久不见	hǎojiǔ bú jiàn	I haven't seen you for a long time.	ひさしぶり 오랜만이다	1
好像	hǎoxiàng	as if	まるでのようだ 마치…와 같다	1
红封袋	hóngfēngdài	red envelop	赤い封筒 중국식 축의봉투	15
糊涂	hútu	silly	はっきり分からない 정신이 없다	13
花	huā	spend	使う、費やす (시간을)소비하다	5

还	hái	much more	もっと더 …한	12
还	huán	return	返す 돌려주다	5
还是	háishi	just the same	やはり 여전히	1
还是	háishi	still	さっきまで、なのに 이렇게도(강조)	14
换车	huàn chē	transfer the bus	乗り換える (차를)갈아 타다	2
换乘	huàn chéng	transfer	乗り換える 갈아타다	5
回不去	huí bu qù	can't go back	帰れない 돌아갈 수 없다	13
会	huì	be good at	できる …할 수 있다	4
婚礼	hūnlǐ	wedding	結婚式 결혼식	15
活力	huólì	energy	活気がある 활기	3
货比三家	huò bǐ sān jiā	comparison with different offers	色んな店を比較してから買う 세 집 정도는 비교해보고 물건을 사다	11
机会	jīhuì	chance	機会 기회	16
激烈	jīliè	fierce; intense	激しい 치열하다	10
及格	jígé	pass	合格 합격하다	14
几乎	jīhū	almost; nearly	大抵、ほとんど 거의	11
记	jì	remember	覚える 기억하다	15
记住	jìzhù	remember; bear in mind	しっかり覚える 명심하다	11
纪念	jìniàn	memorial	記念 기념	15

季节	jìjié	season	季節 계절	14
继续	jìxù	keep on	続ける 계속해서 …하다	16
家务	jiāwù	housework	家事 가사일	10
家乡	jiāxiāng	hometown	故郷 고향	14
价格	jiàgé	price	値段 가격	4
减肥茶	jiǎnféi chá	tea which can reduce fat	減肥茶 다이어트 차	13
减轻	jiǎnqīng	ease	軽くする 경감…하다 / 시키다	10
剪纸	jiǎnzhǐ	paper-cut	切り紙 종이 오리기 공예	9
检查	jiǎnchá	check-up	検査 검사(진찰)하다	7
建成	jiànchéng	built	建てた 완공되다	9
建筑	jiànzhù	building	建物 건물	2
交	jiāo	make	交際する 사귀다	16
交往	jiāowǎng	intercourse; communicate	つきあい 교제 / 커뮤니케이션	15
接	jiē	meet sb.	出むかえる 만나다	1
结婚	jié hūn	marry; marriage	結婚 결혼	3
结束	jiéshù	end	終わる 끝나다	1
解开	jiěkāi	untie; loose	解く 풀어 헤치다	7
借	jiè	borrow	借りる 빌리다	12
今后	jīnhòu	from now on; henceforth	今後 지금부터는	7

尽量	jǐnliàng	as...as possible	できるだ 최고한도에 달하다	7
尽收眼底	jìnshōuyǎndǐ	take a whole view of	全体の景色が目に入る望できる 한 눈에 다 볼 수 있다	8
进货	jìn huò	replenish one's stock	仕入れる 입하하다(들여오다)	4
京剧	jīngjù	Beijing opera	京劇 경극 (중국 전통 오페라)	12
精彩	jīngcǎi	wonderful	すばらしい 훌륭하다 / 멋지다	12
精神	jīngshén	mind	精神 정신	11
竞争	jìngzhēng	compete; competition	競争 경쟁(하다)	10
就	jiù	at once	すぐ 곧 / 바로	1
距离	jùlí	distance	距離 거리, 간격	5
觉得	juéde	think; feel	と思う ...라고 느끼다(생각하다)	3
开价	kāi jià	make a price	言い値 가격을 부르다	4
开药	kāi yào	make a prescription	処方箋を書く 약을 처방하다	7
看不到	kàn bu dào	can not see	見えない 볼 수 없게 된다	12
看不懂	kàn bu dǒng	can not understand by watching	見て分からない 이해하지 못하다	12
看得懂	kàn de dǒng	understand by watching	見て分かる 이해하다	12
看上去	kàn shangqu	it looks; it seems	そうだ、見たところ 보인다	10
看样子	kàn yàngzi	it seems	見たところ,～のようだ 보아하니...것 같다	14
咳嗽	késou	cough	咳をする 기침하다	7
可	kě	modal particle used for emphasis	とても 정말(강조)	4

可是	kěshì	but; however	けれども 그러나	5
可以说	kěyǐ shuō	can say	言える …라고 말할 수 있다	10
空调	kōngtiáo	air conditioner	エアコン 에어컨	7
恐怕	kǒngpà	I'm afraid that	恐らく 아마… 일 것 같다	16
控制	kòngzhì	control	抑える 통제하다	7
口味	kǒuwèi	taste	味 맛	6
哭	kū	cry	泣く 울다	9
苦	kǔ	bitter	苦い (맛)쓰다	6
夸奖	kuājiǎng	praise	ほめる 칭찬하다	4
快要……了	kuàiyào…le	soon; be about to	もうすぐ 곧…할 것이다	14
辣	là	peppery; hot	辛い 맵다	6
来不及	lái bu jí	there's not enough time	間に合わない 제 시간에 도착하지 못하다	5
来得及	lái de jí	there's still time	間に合う 시간 내에 도착하다	5
来往	láiwǎng	come and go	往来 오가다(왕래하다)	9
老大爷	lǎodàye	grandpa	お爺さん 할아버지	2
老街	lǎojiē	old street	古い町 옛거리	9
老朋友	lǎo péngyou	old friend	昔からの友達、 古くからの友達 오랜 친구	3
老样子	lǎo yàngzi	unchanged	変わらない 변하지 않았다.여전하다	1

累	lèi	tired	疲れる 피곤하다	12
离不开	lí bu kāi	can't do without	離れられない …와 떨어져 생각할 수 없다	13
礼物	lǐwù	present; gift	プレゼント 선물	15
历史	lìshǐ	history	歴史 역사	8
厉害	lìhai	serious	ひどい 대단하다	14
脸谱	liǎnpǔ	type of facial make up	仮面 연극 배우들이 얼글에 분장한 도안	9
凉快	liángkuai	nice and cool	涼しい 선선하다	14
两岸	liǎng'àn	the two sides of	川の両側 해얀의 양쪽	8
亮起来	liàng qǐlái	begin to become bright	明るくなる 밝아지기 시작하다	14
量	liáng	measure	はかる …를 측정하다	7
聊	liáo	chat	ざつだん 한담하다	3
流利	liúlì	fluent	流暢だ 유창(하다)	1
流行	liúxíng	fashion; popular	流行 유행	8
路口	lùkǒu	crossing	道の交差点 길목	2
路上	lù shang	on the way	途中 오는 길에	1
萝卜丝饼	luóbosī bǐng	shredded radish cake	大根のお好み焼き 무우가 들어간 중국식 고로케	6
麻烦	máfan	trouble	面倒くさい 폐 / 수고	1
嘛	ma	modal particle	ね …이 아닌다	11

买洗烧	mǎi-xǐ-shāo	buy, wash and cook	買い物・洗物・料理をする 사고, 씻고, 요리하다	10
满意	mǎnyì	satisfy	満足 만족하다	4
满足	mǎnzú	satisfied; content	満足 만족하다	11
没什么	méi shénme	It doesn't matter.	構わない 괜찮다.별거 아니다	1
没想到	méi xiǎngdào	unexpectedly	意外にも 전혀 생각지 못했다	3
梅雨	méiyǔ	intermittent drizzles	梅雨 장마비	14
美不胜收	měibúshēng shōu	splendourbe of dazzling	立派なものが多くて一度ではならなか見きれない 너무 아름다워서 한번에 다 감상할 수 없다	8
闷	mēn	stuffy	蒸し暑い 답답하다	14
秘密	mìmì	secret	秘密 비밀	9
免费	miǎnfèi	free of charge	無料 무료 / 면비	13
名不虚传	míngbùxū chuán	deserve the reputations one enjoys	名が実に恥じない 명실상부하다	9
名人	míngrén	celebrity	名人 유명인사	9
名胜古迹	míngshèng gǔjì	place of historic interest and scenic beauty	名所旧跡 명승고적	8
模范	mófàn	exemplar; model	模範である 모범	10
末	mò	end	末 말 / 끝	14
能	néng	can	できる ...할 수 있다	4
泥人	nírén	mud man	泥人形 진흙으로 빚은 사람	9
年轻	niánqīng	young	年が若い 젊다	1

念白	niànbái	spoken parts of a Chinese opera	せりふ 대사(연극)	12
牛仔裤	niúzǎikù	jean	ジーパン 청바지	4
暖和	nuǎnhuo	warm	暖かい 따뜻하다	14
偶尔	ǒu'ěr	sometimes; occasionally	たまに 가끔	11
排队	pái duì	stand in a line; queue	列をつくる 줄을 서다	5
胖	pàng	fat	太い 뚱뚱하다	13
泡	pào	pour boiling water on	わかす (커피를)타 주다	12
陪	péi	accompany	付き添う 동반하다	8
疲劳	pílǎo	tired	疲れる 피로	11
偏	piān	a little; somewhat	比較的 …하는 경향이 있다	6
漂亮	piàoliang	beautiful	きれいだ 아름답다	1
票价	piàojià	fare	切符の値段표 값	5
品	pǐn	sample; savour	味をきく 음미하다	9
乒乓球	pīngpāngqiú	ping-pong	卓球 탁구	11
浦东	Pǔdōng	Pu dong	黄浦江の東側 황포강의 동쪽지역	8
浦西	Pǔxī	Pu xi	黄浦江の西側 황포강의 서쪽지역	8
妻子	qīzi	wife	妻 아내	10
旗袍	qípáo	cheong-sam	チャイナドレス 중국 전통의상	9
起来	qǐlái	used after verbs to indicate an impression, etc.	の時 하니(동사+起来)	6

气候	qìhòu	climate	気候 기후	14
轻松	qīngsōng	relaxed	気楽である (마음이) 홀가분하다	11
清淡	qīngdàn	not strongly flavored	薄い 담백하다	6
全部	quánbù	all	全部 전부	4
全家福	quánjiāfú	family photo	一家そろフて写した 가족사진	10
全职太太	quánzhí tàitai	housewife	主婦 전업주부	10
然后	ránhòu	and then	それから 그런 후에	2
热闹	rènao	lively	賑やかである 번화하다	9
热情	rèqíng	passionate; enthusiasm	親切친절하다 따뜻하다	3
人际	rénjì	interpersonal	人と人の関係 인간관계	15
人山人海	rénshān-rénhǎi	huge crowd of people	黒山のような人だかり 인산인해	9
日用品	rìyòngpǐn	commodity	日用品 일용품	15
软卧	ruǎnwò	soft-berth carriage	一等の寝台車 열차에서의 상등석(기차)	8
嗓子	sǎngzi	throat	喉 목구멍	7
色香味俱全	sè xiāng wèi jùquán	color, fragrance and savor completely; fully	色とにおいと味 すべてある 색, 향, 맛완비하다	6
扇子	shānzi	fan	せんす 부채	9
上次	shàng cì	last time	前回 지난 번에	5
上汤芦笋	Shàngtāng Lúsǔn	soup asparagus	高級だっで煮アスパラガス 중국식 아스파라가스 수프	6
上网	shàng wǎng	on the internet	インターネットをするする 인터넷 하다	15

上旬	shāngxún	the first ten days of a month	下旬 하순	14
烧味拼盘	Shāowèi Pīnpán	barbecue tray	焼き物の前菜 편육식 구운 고기	6
稍微	shāowēi	a little; somewhat	すこし 약간, 조금	7
舍不得	shě bu de	be not willing to	おしがる ~ 하기 아쉽다(아깝다)	6
升学	shēng xué	enter a school of the higher level	進学 진학(하다)	10
生日	shēngrì	birthday	誕生日 생일	16
诗歌	shīgē	poem	詩 시	8
十字路口	shí zì lùkǒu	crossroad	十字路 사거리	2
实惠	shíhuì	practical	実用である 실리적이다	15
实价	shíjià	actual price	実際の値段 최종가	4
实用	shíyòng	practical	実用である 실용적이다(이익이)	4
实在	shízài	really	ほんとうに 사실상 / 제발	12
使	shǐ	make	に(を)させる …로 하여금 … 하게 하다	11
事业	shìyè	career	事業 사업	8
是的	shìde	yes	そうです 그렇습니다	2
是吗	shì ma	Isn't it?	ですか 그렇지요?	2
收	shōu	receive	受け取る …를 받다	13
手机	shǒujī	mobile phone	携帯電話 휴대폰	13
手套	shǒutào	glove	手袋 장갑	4

首	shǒu	measure word for the song	歌の量詞 (노래의)양사	4
瘦	shòu	thin	やせている (몸이)마른 / 여윈	1
舒服	shūfu	be well	調子がよい (몸, 마음)편안하다	7
暑假	shǔjià	summer vacation	夏休み 여름방학 / 여름휴가	16
摔倒	shuāidǎo	fall over oneself	転ぶ 넘어지다	14
双方	shuāngfāng	both sides	両方 양측	10
水晶虾仁	Shuǐjīng Xiārén	plain-fried shrimps	エビのいためもの 새우가 들어간 중국요리	6
水平	shuǐpíng	level	程度、レベル 수준	5
顺便	shùnbiàn	by the way	ついでに ...하는 김에	2
顺序	shùnxù	order	順序 순서	13
说实话	shuō shíhuà	to tell the truth	実は 사실대로 말해서	12
私人	sīrén	private	私有の 개인	9
四季	sìjì	the four seasons	四季 사계절	14
酸	suān	sour	酸っぱい (맛)시다	6
虽然	suīrán	although	がだけど 비록 ... 일지라도	8
所以	suǒyǐ	so	だから 그래서	1
太……了	tài…le	too	過ぎる 너무나...하다	6
太极拳	tàijíquán	shadowboxing	太極拳 태극권(중국 전통무술)	3

弹	tán	play	弾く …를 연주하다	13
躺	tǎng	lie	横になる 드러눕다	12
讨价还价	tǎo jià huán jià	bargain	値段をかけあう 물건값을 흥정하다	4
特色	tèsè	characteristic	特色 특색	6
特意	tèyì	designedly	わざわざ 특별히 / 일부러	1
体温	tǐwēn	body temperature	体温 체온	7
体重	tǐzhòng	weight	体重 체중	16
天气	tiānqì	weather	天気 날씨	14
天色	tiānsè	color of sky	空模様 하늘 빛	14
添	tiān	add	付け加える 더하다 / 첨가하다	1
甜	tián	sweet	甘い (맛)달다	6
调	tiáo	switch; move	調節する 조절하다	7
听不懂	tīng bu dǒng	can not understand by listening	聞いて分からない 알아 듣지 못하다	12
听得懂	tīng de dǒng	understand by listening	聞いて分かる 알아 듣다	12
听说	tīngshuō	hear of	だそうだ 듣자니…라고 한다	8
同屋	tóngwū	roommate	ルームメイト 룸메이트	12
头疼	tóuténg	headache	頭が痛い 머리 아프다	7
完全	wánquán	entirely; totally	ぜんぜん 완전히	6
网球	wǎngqiú	tennis ball	テニス 테니스	11

往	wǎng	to; towards	に向かって … 쪽으로 / … 방향으로	2
忘	wàng	forget	忘れる 잊어버리다	5
为了	wèile	for	（の）ため（に） ~ 하기 위하여	3
围巾	wéijīn	scarf	マフラースカフ, 목도리	4
味道	wèidào	taste	あじ 맛	6
温差	wēnchā	temperature difference	温度差 온도차	7
温度	wēndù	temperature	温度 온도	7
文物	wénwù	cultural relic	文化財 문물	8
闻	wén	smell	においをかぐ 냄새 맡다	6
舞台	wǔtái	stage	舞台 무대	12
误点	wù diǎn	behind schedule	規定の時間より遅れる 연착하다	1
误会	wùhuì	misunderstand	誤解 오해(하다)	11
希望	xīwàng	hope	希望 희망하다	16
习惯	xíguàn	custom; habit	習慣 습관	15
习惯	xíguàn	get accustomed to	習慣 익숙해지다 / 습관	16
下起雨来	xià qǐ yǔ lái	The rain began to fall down.	雨が降り出す 비가 내리기 시작하다	14
咸	xián	salty	塩辛い (맛)짜다	6
现价	xiànjià	current price	いまの値段 현재가	4
香	xiāng	savory; fragrant	香りや味がよい 맛있다	6

箱子	xiāngzi	chest; box	トランク 트렁크	16
宵夜	xiāoyè	night snack	夜食 야식, 밤참	9
消除	xiāochú	get rid of; eliminate	除去する 제거하다	11
消化	xiāohuà	digestion; assimilation	消化 소화	7
小吃	xiǎochī	snack	軽食 간식	9
笑	xiào	laugh; smile	笑う 웃다	9
心满意足	xīnmǎn-yìzú	feel perfectly satisfied with	すっかり満足する 매우 만족해 하다	11
辛苦	xīnkǔ	toil; hard	苦労 고생하다	1
新建	xīn jiān	newly-built	新しく建てる 새로 짓다	1
新郎	xīnláng	bridegroom	花婿 신랑	15
新娘	xīnniáng	bride	花嫁 신부	15
新人	xīnrén	just married couple	新婚夫婦 신혼부부	15
新天地	Xīntiāndì	new field of activity (name of a place)	新天地 신천지	2
新鲜	xīnxiān	fresh	新鮮 신선하다	7
信息	xìnxī	information	情報 정보	13
星巴克	Xīngbākè	Starbucks	スターバクス Starbucks 커피점	3
行李	xíngli	luggage	荷物 짐	16
雄伟	xióngwěi	magnificent; majestic	雄大 웅대(하다)	8
雄姿	xióngzī	majestic	雄大な姿 웅장한 자태	9

休闲	xiūxián	relaxation; entertainment	休む 한가하게 지내다	11
需要	xūyào	need	必要とする 필요하다	5
选	xuǎn	choose	選ぶ 선택 / 선정 / 고르다	15
压力	yālì	pressure	圧力、プレッシャー 억압감(스트레스)	10
沿着	yánzhe	along	に沿って …를 쭉 따라	2
业务	yèwù	business	業務 업무, 일	3
夜景	yèjǐng	night scene	夜景 야경	8
一遍	yí biàn	once	一回 한번	8
一次	yí cì	once	一回 한번	8
一下	yíxià	used after a verb, indicating an act or an attempt	ちょっと 동사 + ~ 한번…해보다	7
一边…… 一边……	yìbiān… yìbiān…	at the same time	ながら 한편으로는…하고, 또 한편으로…하다	9
一点儿…… 也……	yì diǎnr…yě…	not a bit of it	少しもない 조금의 … 도	10
一方面…… 另一方面	yì fāngmiàn… lìng yì fāng miàn	on one hand...on the other hand...	一方では／もう一方では 한편으로 또 한편 ……으로…하다	10
一起	yìqǐ	together	一緒に 함께	3
一言为定	yì yán wéi dìng	OK; That's settled then.	一度約束したことを破らない (말) 한 마디로정하다	11
一早	yìzǎo	early in the morning	朝 아침부터 / 이른 아침	16

197

一直	yìzhí	always	ずっと 줄곧, 계속해서	12
一直	yìzhí	directly; straight (ahead)	まっすぐに 똑바로 / 직진으로	2
以后	yǐhòu	after; later	以後 이후에	3
以前	yǐqián	before	以前 이전에	3
艺术品	yìshùpǐn	artwork	芸術品 예술품	6
意思	yìsi	meaning	意味 의미, 뜻	12
因人而异	yīn rén ér yì	vary from person to person	人によって違う 사람에 따라 다르다	15
因为	yīnwèi	because	だからのため 왜냐하면 / …때문에	1
印象	yìnxiàng	impression	印象 인상	3
应该	yīnggāi	ought to; It's my job.	当たり前だ 당연히	1
应该	yīnggāi	should	しなければならない 한다	2
迎接	yíngjiē	meet, welcome	迎える 마중하다	1
影响	yǐngxiǎng	influence	影響 영향(을 주다)	13
永远	yǒngyuǎn	forever	永遠に 영원히 / 항상 / 언제나	16
油腻	yóunì	greasy	脂っこい 기름기가 많다(느끼하다)	6
游	yóu	travel	遊覧 이리저리 다니다	9
游泳	yóuyǒng	swim; swimming	泳ぐ、水泳 수영하다	11
有的…… 有的……	yǒude… yǒude…	some…others…	あるし…ある 어떤 사람들은… / 또 어떤 사람	15

			들은...	
礼金	lǐjīn	money as a gift; cash gift	お礼い金、祝儀 축의금	15
有空	yǒu kōng	be free; not busy	暇がある 시간, 여유가 있다	3
有名	yǒumíng	famous	名高い 유명하다	6
有助于	yǒu zhùyú	be good to; be helpful to	に寄与する、に役立つ 도움이 되다	11
又	yòu	again	また 또 / 다시	16
右边	yòubiān	the right	右側 오른쪽	2
愉快	yúkuài	pleasure	楽しい 유쾌하다 / 즐겁다	16
遇见	yùjiàn	meet	出会う 우연히 만나다	3
原价	yuánjià	original price; former price	もとの値段 원가	4
原来	yuánlái	formerly	なるほど 원래	1
越……越	yuè…yuè…	the more…the more…	ば / ほど 할수록	13
越来越……	yuèláiyuè…	more and more	だんだん 점점 더	13
运动量	yùndòngliàng	sport quantity	運動量 운동량	11
再	zài	again; still	たら 만약 또 다시	5
再说	zàishuō	talk about sth. later	してからにする 다음에 얘기하다	12
在于	zàiyú	lie in	できまる、によって決まる 달려있다	11
赞扬	zànyáng	praise	ほめる 찬양 / 칭찬하다	15

脏	zāng	dirty	汚い 더럽다	9
则	zé	but	しかし 반면에	13
怎么……的话	zěnme…dehuà	how if	どう、どのようにしたら、なら 어떻게	2
怎么办	zěnmebàn	How to deal with it?	どうするか 어떻게 할까요?	7
怎么会	zěnme huì	How can it be...?	どうして 어떻게 그럴 수 있나요?	10
怎么了	zěnmele	what's wrong	どうしたのですか 무슨 일 있어요?	7
怎么样	zěnmeyàng	how about	どうですか 어떻습니까?	3
增加	zēngjiā	increase	増える 증가하다	16
增进	zēngjìn	enhance; improve	増進 증진…하다 / 시키다	10
炸	zhá	fried	油で揚げる 튀기다	7
站	zhàn	stop; station	駅 역	2
站内	zhànnèi	in the station	駅の中 역 내	5
长	zhǎng	grow	育つ 성장하다	13
丈夫	zhàngfu	husband	夫 남편	10
兆	zhào	MB	MB キロメガ Megabit 메가비트	4
这些	zhèxiē	these	これら 이것들	5
阵雨	zhènyǔ	shower	にわか雨 지나가는 비	14
整理	zhěnglǐ	pack up	片付ける 정리 / 꾸리다	16
正	zhèng	just; right	ちょうど~している 마침	3

正在	zhèngzài	be doing; right now	している	13
			지금 ... 하고 있는 중이다	
正宗	zhèngzōng	authentic	正統、本筋	6
			정통적인 / 원조	
知识	zhīshi	knowledge	知識	16
			지식	
直接	zhíjiē	directly	直接	15
			직접	
只	zhǐ	only; just	だけ	1
			단지	
只好	zhǐhǎo	have no choice but to	するほかない	13
			다만 ... 하는 수 밖에	
只要……就	zhǐyào…jiù	if only	さえすれば	7
			... 하기만 하면, 곧 ... 하다	
至少	zhìshǎo	at least	少なくとも	11
			적어도 / 최소한	
至于	zhìyú	as for	については	15
			... 에 대해서	
中考	zhōngkǎo	high school-entrance examination	高校の入学試験	10
			고등학교 입학시험	
中心	zhōngxīn	center	センター	11
			센터, 중심	
中旬	zhōngxún	the middle ten days of a month	中旬	14
			중순	
重要	zhòngyào	important	重要	15
			중요하다	
周末	zhōumò	weekend	週末	3
			주말	
猪排	zhūpái	pork chop	ぶたステーキ	7
			돼지갈비	
转眼	zhuǎnyǎn	in an instant	瞬く間に	16
			눈 깜짝할 사이에	
装	zhuāng	put	入れる	12
			설치하다	
壮观	zhuàngguān	spectacular	壮観	8
			장관(하다)	
准备	zhǔnbèi	be ready	するつもり、準備する	14
			준비하다	

着	zhe	-ing	ている、てある ... 하고 있는	10
仔细	zǐxì	careful	注意深い 자세하다. 상세하다	8
字幕	zìmù	caption	字幕 자막	12
自豪	zìháo	be proud of	誇りに思う 자부심을 느끼다	3
自信	zìxìn	confidence	自信 자신감	3
自由	zìyóu	free	自由である 자유롭다	11
总是	zǒngshì	always	いつも 항상	14
最	zuì	most	一番 가장 / 최고	2
最多	zuì duō	at most; the highest	最高 가장 많아야	4
尊重	zūnzhòng	respect	尊重 존중하다	15
左	zuǒ	left	左 왼쪽	2
左边	zuǒbiān	the left	左側 왼쪽	2
左右	zuǒyòu	about	約 대략 ~ 정도	4
座	zuò	measure word for the city	都市の量詞 (도시나 건물, 혹은 다리앞에 쓰는)양사	3